Ferdinand Teetz

Beiträge zur Rhythmopoiie des Sophokles

Ferdinand Teetz

Beiträge zur Rhythmopoiie des Sophokles

ISBN/EAN: 9783744683166

Hergestellt in Europa, USA, Kanada, Australien, Japan

Cover: Foto ©ninafisch / pixelio.de

Weitere Bücher finden Sie auf **www.hansebooks.com**

A.
Beiträge
zur rhythmopoiie des Sophokles.
I. Die kolometrie in den cantica der Antigone.

B.
Kritische Bemerkungen
zu Soph. Ant. v. 1156--1157
und Caes. b. g. I, 8, 1 und b. g. IV, 17, 9.

Von

Dr. F. Teetz.

BREMERHAVEN.
Nordsee-Zeitung (Krah, Hoeck & Co).
1893.

Progr. Nr. 725.

A.

Beiträge zur rhythmopoiie des Sophokles.

I.

Die kolometrie in den cantica der Antigone.

Inhalt.

Parodos . . . . v. 100—161.
 Ἀκτὶς ἀελίου, τὸ κάλλιστον ἑπταπύλῳ φανὲν...

I. Stasimon . . . . v. 332—375.
 Πολλὰ τὰ δεινὰ κ' οὐδὲν ἀνθρώπου δεινότερον πέλει...

II. Stasimon . . . . v. 582—625.
 Εὐδαίμονες, οἷσι κακῶν ἄγευστος αἰών...

III. Stasimon . . . . v. 781—800.
 Ἔρως ἀνίκατε μάχαν...

I. Kommos . . . . v. 806—882.
 Ὁρᾶτ' ἔμ', ὦ γᾶς πατρίας πολῖται...

IV. Stasimon . . . . v. 944—987.
 Ἔτλα καὶ Δανάας οὐράνιον φῶς...

Hyporchema . . . . v. 1115—1154.
 Πολυώνυμε Καδμείας...

II. (Schluss-)Kommos . . . . v. 1261—1346.
 Ἰὼ φρενῶν δυσφρόνων ἁμαρτήματα...

Nachdem die älteren ausgaben der tragödien des Sophokles in der gliederung der melischen partien sich im grossen und ganzen der oft verworrenen kolometrie der hss, vor allen also des La, angeschlossen und nur hin und wieder sich kleinere änderungen in der abteilung der einzelnen verse gestattet hatten, ging zuerst Wex verhältnismässig selbstständige wege, indem er mehr auf grund divinatorischer voraussetzungen als an der hand der ergebnisse einer systematischen untersuchung ein neues gefüge aufstellte, das trotz seines subjektiven charakters gleichwohl auch für die folgenden editoren mehr oder minder massgebend geworden ist. Namhafter und zugleich richtiger war der versuch W. Dindorf's, der zuerst in seinen „Metra Aeschyli Sophoclis Euripidis," 1842, und sodann in der grossen ausgabe der poetae scenici graeci 1869 sich noch gründlicher als Wex von der überlieferung lossagte und es als erster unternahm, aus der gesamtheit des metrischen materials, wie es uns in den chorpartien entgegentritt, die unterteile grösserer reihen, die kola, herauszuschälen und diese in grössere einheiten, die verse, zu vereinigen. Dem gegenüber ging W. Brambach in seinen „metrischen studien zu Sophokles," 1869, wieder auf die handschriftliche überlieferung zurück, indem er in ihr ein haltbares fundament der kolometrie erblickte und zugleich mit diesem historischen standpunkt das princip verband, dass die strophe nicht eine ununterbrochene rhythmische reihe darstelle, sondern sich zunächst in mehrere perioden sondere, die dann ihrerseits wieder aus einzelgliedern sich zusammensetzen. Neben den äusserlichen kriterien des periodenschlusses, der aufhebung der synaphie durch hiat und syllaba anceps, sowie dem übergang einer taktform in die andere (z. b. der daktylo-trochäen in reine iamben u. a.) benutzte er zur feststellung der einzelnen perioden auch den satzbau, so zwar, dass der syntaktische ruhepunkt am periodenende als eine bestätigung der aufgestellten einteilung anzusehen sei. Diese seine theorie hat denn B. für die cantica der Antigone gleichzeitig in dem citierten buch, für alle chorpartien des dichters in seinen „Sophokleischen gesängen," 1870, in die praxis umgesetzt. So bahnbrechend indessen die neuerung war, im gefüge der strophe rhythmische ruhepunkte zu statuieren, so verfehlt muss der grundsatz erscheinen, in dem aufbau dieser reihen die überlieferung zur grundlage zu machen. Die kolometrie des La ist für uns völlig wertlos: sie ist es deshalb, weil sie fast ausschliesslich nur in der abteilung solcher reihen, deren glieder ohne weiteren scharfblick erkennbar sind (glykoneen u. s. w.), das richtige trifft, in allen den fällen aber, wo infolge komplizierterer komposition dem forscher zweifel entgegentreten und die erkenntnis des inneren gefüges der perioden erschwert wird, ihn doch im stiche lässt und auf andere wege der aufstellung der einzelnen glieder verweist.

Brambach's scheidung der einzelnen kola, sowie seine abmessung des rhythmischen wertes der einzelnen metrischen silben basieren auf den untersuchungen R. Westphals, der nach dem vorgange Böckhs auf die theorie der alten musiker Aristoxenos) zurückgegangen war und zuerst folgende drei grundsätze aus der lehre des Peripatetikers herausgezogen und zur grundlage der behandlung der metrik gemacht hatte:

1. einzelne teile des rhythmus können durch pausen oder durch dehnung einzelner silben ausgedrückt werden,
2. jeder rhythmus hat einen bestimmten umfang.
3. jede strophe besteht aus einer harmonisch gegliederten in sich geschlossenen komposition.

Einen ganz anderen weg der behandlung des stoffes schlugen zu ungefähr gleicher zeit Heinrich Schmidt und Moritz Schmidt ein. Der erstere ging, nachdem G. Hermann das ganz äusserliche system der alten metriker verworfen und dann Böckh und Westphal die theorien der alten rhythmiker an dessen stelle gesetzt hatten, noch einen schritt weiter und verwarf in seinen weitschichtigen „kunstformen der griech. poesie etc.", 1868 bis 1872, (bes. band II „die antike kompositionslehre, aus den meisterwerken der griech. dichtkunst erschlossen") auch die lehre des Aristoxenos als unbrauchbar und stellte als einzige quelle für unsere erkenntnis der antiken rhythmopiie die überlieferten gedichte selbst hin. Dieser an sich richtige grundsatz, in erster linie auf die hauptquelle, das vorliegende metrische material, zurückzugehen, konnte aber doch nicht genügen, um eine erschöpfende kenntnis der antiken rhythmik zu vermitteln; der herr verf. griff darum zu dem auskunftsmittel der modernen musik, indem er sich mit ihrer hilfe ein eigenes system zurechtlegte und hiernach die ganze lyrische poesie der griechen einordnete. Abgesehen von einzelnen gelungenen partien seiner ausführungen, wie vor allem dem verdienst, dass verf. den zusammenhang der metrik mit der poesie wieder zur geltung brachte, der durch die arbeiten Westphals etwas in den hintergrund getreten war, konnte aber ein so willkürlich aufgebautes und mit fremdartigen stoffen, wie denjenigen moderner musik, zersetztes system kaum dazu führen, nun wirklich eine lösung der schwierigen aufgabe herbeizuführen. — Seiner theorie verwandt sind die grundsätze, die Moritz Schmidt (Jena) in der einleitung zu seiner übersetzung von „Pindars siegesgesängen", 1869, für die behandlung der lyrischen metra aufgestellt hat. Auch er findet die lösung der aufgabe in der modernen musik und ging in dem glauben, erst hierin die richtige einsicht in die rhythmische komposition der antike zu finden sogar so weit, in seinen „Sophokleischen Chorgesängen, rhythmiert", 1870, die metra in die moderne notenschrift umzusetzen. Dass auch dieser versuch zu willkürlichkeiten führen muss und wirklich geführt hat, lehrt am besten die durch nichts unterstützte und auf vorgefassten grundsätzen beruhende ansicht des verfassers, dass jeder vers nun durchaus aus 4 (musikalischen) takten bestehen müsse. Ferner: wir wissen aus dem uns vorliegenden metrischen material nichts weiter, als dass die eine silbe doppelten wert der anderen hat; die antike rhythmik belehrt uns ausserdem darüber, dass unter umständen manche silbe nicht doppeltes, sondern dreifaches oder gar vier- und fünffaches gewicht der einzeitigen silbe umfasst, d. h. δίσημος, τρίσημος u. s. w. ist, sowie dass neben diesen durch λέξις ausgefüllten χρόνοι in der metropoiie auch solche vorhanden sind, die nicht durch einen teil des rhythmizomenon zur darstellung gebracht sind: damit ist unsere kenntnis nun aber auch zu ende und darum von vornherein es unmöglich, nun diesem oder jenem -versmass es ansehen zu wollen, ob sein vortrag in $6/8$, $4/4$ oder $5/4$ = takt geschah.

Einen ganz anderen und jedenfalls mehr zu billigenden weg zur erkenntnis der antiken rhythmik schlug dann H. Gleditsch ein, der zunächst in seinen „Sophokleischen strophen", 1867 und 1868, (progr. des Berl. Wilh. gymn.) und nachher in seinen „cantica der Sophokleischen tragödien" ebenfalls unter Verwertung der Rossbach-Westphalschen resultate auf dem gebiete der griech. rhythmik und metrik zunächst darauf ausging, aus der fortlaufenden metrisch-rhythmischen kette eines strophenpaares die wirklich gebräuchlichen gliedformen auszusondern und festzulegen, jede andere aber auf ihre ähnlichkeit und verwandtschaft mit den bekannten und üblichen massen zu prüfen und erst dann, wenn sie dabei bestanden hatte, als zulässig zu betrachten. „Auf diese weise kam beschränkung in die übergrosse formenfülle, aber zugleich auch grössere klarheit, sicherheit und gesetzmässigkeit, und es blieb trotz der beschränkten zahl der grundformen bei ihrer grossen variabilität durch katalexis im in- und auslaute, durch den wechsel anakrusischen und thesischen (d. i. arsischen) anlautes, durch auflösung und zusammenziehung, und bei ihrer verschiedenartigen verbindung mit einander zur rhythmischen periode immer noch spielraum genug zu einer grossen mannigfaltigkeit der strophenbildung." In die aus diesen gebräuchlichen gliedformen gebildeten grösseren ganzen, die verse und perioden, ordnung und regelmässigkeit zu bringen, war die zweite aufgabe desselben verfassers, wenn er auch zugeben muss, dass hier gerade noch manche zweifel und bedenken unerledigt geblieben sind. — Leider hat Gl. durch die übertriebene neigung zu verbesserungen des an sich lesbaren textes, wie ihn doch meist die überlieferung des La. bietet, von vornherein sich die möglichkeit abgeschnitten, die früchte seiner verdienstvollen arbeit zu pflücken und seine aufstellungen in den ausgaben des dichters eingang finden zu sehen.

W. Christ vertritt in seinem handbuch der „metrik der griechen und römer" (pg. 623) den standpunkt, dass es unstatthaft sei, alle strophen in gleichmässiger weise zuerst in perioden und dann in kola zu zerlegen, dass vielmehr in manchen strophen die einzelnen verse nicht mehr zu gesonderten gruppen zusammengefasst, sondern gleich der höchsten einheit, der strophe, untergeordnet sind, während in anderen strophen sich die perioden oder systeme unmittelbar, ohne durch die mittelstufe des verses hindurchzugehen, in ihre kola zerlegen.

Diesen von **Christ** ausgesprochenen grundsatz hat nun verfasser dieser arbeit mit den von **Brambach** und **Gleditsch** eingeschlagenen methoden in so fern in einklang zu bringen versucht, als er einmal — worauf Brambach neben der autorität der in den hss. überlieferten kolometrie gewicht legte — sich die aufgabe stellte, die sinnesabschnitte mit der vers- bezw. periodenteilung in einklang zu bringen, daneben bei aufstellung der reihen — im anschluss an Gleditsch — in erster linie solche zu eruieren bestrebt war, die durch früheren gebrauch, zumal in der poesie der Aeoler, typisch geworden waren und als solche auch bei den Dramatikern, besonders Sophokles, allgemeine aufnahme gefunden hatten. Dass dabei die kennzeichen des versschlusses, wie syllaba anceps, katalexis u. s. w., gebührend zu hilfe genommen wurden, ist selbstverständlich.

Bei diesem verfahren ergab sich zunächst das überraschende resultat, dass die von Westphal und Gleditsch abgewiesene eurhythmie doch nicht so ohne weiteres zu verwerfen sei. Der Dichter liebte es jedenfalls, seine strophen so zu bauen, dass einer einzelperiode ein periodenpaar gegenüberstand, so zwar, dass die erstere entweder als proodos oder mesodos oder epodos fungiert, während die andern beiden — nach dem vorgang der mhd. lyrik als „stollen" zu bezeichnen — eine in sich selbst geschlossene entsprechung zeigen. Dabei tritt, zumal in der entsprechung von 2 : 1 oder 1 : 2 die charakteristische thatsache zu tage, dass metrisch zwischen einzelperiode und stollen meist eine schärfer markierte scheide sich abhebt, als zwischen den beiden letzteren, indem oft hier gerade hiat oder emmetrische pause + syllaba anceps oder akatalexis nach bisher katalektischen gliedern, auftritt

oder endlich akatalektischer schluss mit anakrusischem anfang
zusammentrifft: besonders die letztere erscheinung weist deutlich
darauf hin, dass zwischen den beiden hauptteilen des strophischen
gefüges ein längeres musikalisches zwischenspiel stattfand. Diese
art rhythmischer gliederung wird unterstüzt durch die erscheinung, dass die einzelperiode auch inhaltlich sich meist scharf von
den beiden stollen absondert, indem sie einen mehr oder minder
abgeschlossenen gedanken aufweist. Während aber die beiden
anderen metra auch inhaltlich als zusammengehörig sich darstellen, lassen sie doch zugleich die überraschende gepflogenheit
des dichters erkennen, in dem einen stollenpaar die beiden
perioden durch einen syntaktischen ruhepunkt von einander
zu scheiden, in denjenigen der andern strophe dagegen
den gedanken aus dem ersten in das zweite metrum
überzuleiten: der dichter benutzte eben den inhalt einmal zur
unterstützung der sonstigen kennzeichen der rhythmischen unter-
brechung und zugleich an entsprechender stelle auch wieder, um
die trennung zusammengehöriger reihen zu überbrücken und die
kommissur zwischen ihnen herzustellen. Nun gebraucht Sophokles
überhaupt nur -- soweit aus der Antigone ersichtlich – drei-
oder viertaktige kola, der periodenumfang ist gleichfalls auf 2, 3
und 4 glieder beschränkt: kam der dichter also mit dem auf
diese weise gebotenen rhythmischen spatium nicht aus, so half
er sich in der weise, dass er einmal dem ganzen system eine
kurze, vollkommen selbstständige, auch durch den gedanken ab-
geschlossene periode als basis voraufschickte (zumal in dem falle,
um in der basis ein allgemeines thema, das in den nachfolgenden
teilen aus der erfahrung begründet wird, vorwegzunehmen), oder
die periodenpaare zu doppelpaaren erweiterte und auf diese
weise wieder das grundprincip der dreiteiligkeit der strophe
wahrte, oder endlich auch — wie in der I. syzygie des schlusskommos — eine doppelstrophe konstruirte, die in beiden
hälften die gleiche erscheinung von einzelperiode und respon-
dierendem periodenpaar aufweist. Wo der dichter von dieser
seiner gepflogenheit abgeht, hat er bestimmte gründe hierzu: ich
verweise in dieser beziehung vor allem auf den kunstvollen bau
des II. stasimon, wo beide strophenpaare in umgekehrter

eurhythmie zu einander stehen, und auf die erste syzygie des bacchischen tanzliedes, wo die teilweise eigenthümlichkeit der komposition*) — auch in der gruppierung drei- und viertaktiger glieder — ein neues kriterium für den hyporchematischen charakter des chores abgiebt.

Schliesslich mag auch noch darauf hingewiesen werden, dass die summe aller einzeltakte stetig die teilung durch 4 zulässt; man ist darum leicht versucht, da uns niemals perioden von 2×3 bezw. 3×3 takten entgegentreten, in allen den fällen, wo dreitaktige kola vorhanden sind, emmetrische pausen anzunehmen und dadurch eine erhöhung der taktzahl auf 4 herbeizuführen, weil ja andernfalls, wenn 2×2 oder 3×3 taktige perioden vorhanden wären, der quotient einen rest von 2 bezw. 3 hinterlassen würde.**)

---

*) basis — mesodische fügung.
**) vergl. die analyse des hyporchema.

Erklärung der zeichen und abkürzungen.

Im text der gesänge bezeichnet
der senkrechte strich die zeileuteilung des La.; inmitten eines kolon das zeichen — dehnung der vorhergehenden bezw. folgenden silbe.

Im metrischen schema bezeichnet
͞>   bezw. ͝> dass an der betreffenden stelle nur die ein e form der irrationalen silbe (– bezw. ⌣) sich befindet; in der anakrusis ist nur das zeichen ͞> neben einfachem ⌣ gebraucht.

In den kritischen noten steht
vor dem semikolon die angabe des urhebers der aufgenommenen lesart (T = vermutung des verfassers), nach dem semikolon die überlieferung des codex Laurentianus a (La.).

Parodos.

v. 100—151.

Endlich scheint für das unglückliche Theben eine zeit des glückes zu nahen; zwar das opfer, womit die ruhe erkauft werden musste, ist schwer genug gewesen: zwei königliche brüder haben im zweikampf ihr leben lassen müssen. Doch nun hat Kreon, der oheim beider und der erbe des thrones, die zügel der herrschaft in die hand genommen, und die von ihm zur versammlung berufenen vertreter der stadt — Thebanische greise — begrüssen darum in freudiger erregung den tag der vermeintlichen wiedererlangung des friedens. Die erinnerung der überstandenen gefahren führt dem chor die hilfe des Zeus, der jeglichen übermut zu rächen weiss, und die mitwirkung des Ares vor augen, der die belagerer wieder zurückgetrieben hat: doch wozu solch trübe gedanken? Besser ist's, im festesreigen unter führung des tanzfrohen Bakchos zu den tempeln der götter zu ziehen, um den hehren bundesgenossen den gebührenden dank darzubringen.

στρ. I.

.1.   Ἀκτὶς ἀελίου, τὸ κάλ- — | 100
       λιστον ἑπταπύλῳ φανέν — |
       Θήβᾳ τῶν προτέρων φάος·|

       Ἐφάνθης ποτ', ὦ χρυσέας — |
       ἁμέρας βλέφαρον, | Διρκαί- —
       ων ὑπὲρ | ῥεέθρων μολοῦσα, | 105

       Τὸν λεύκασπιν Ἀργογενῆ —¹) |
       φῶτα βάντα πανσαγίᾳ — |
       Φυγάδα πρόδρομον ὀξυτέρῳ — —
       κινήσασα χαλινῷ. |

a. (Anapaeste.) Ὃν ἐφ᾽ ἡμετέρᾳ γᾷ Πολυνείκης |
ἀρθεὶς νεικέων ἐξ ἀμφιλόγων
<ἤγαγε· κεῖνος δ᾽>²) | ὀξέα κλάζων
αἰετὸς ὣς³) γᾶν ὑπερέπτα. 110

λευκῆς χιόνος πτέρυγι στεγανὸς
πολλῶν μεθ᾽ ὅπλων 115
ξύν θ᾽ ἱπποκόμοις κορύθεσσιν.

ἀντιστρ. I.

β΄. Στὰς δ᾽ ὑπὲρ μελάθρων φονώ- — |
σαισιν⁴) ἀμφιχανὼν κύκλῳ — |
λόγχαις ἑπτάπυλον στόμα. |

Ἔβα —. πρίν ποθ᾽ ἁμετέρων — | 120
αἱμάτων γένυσιν | πλησθῆ- —
ναί τε⁵) καὶ | στεφάνωμα πύργων |

Πευκάενθ᾽ Ἥφαιστον ἑλεῖν — |
τοῖος ἀμφὶ νῶτ᾽ ἐτάθη, — |
Πάταγος Ἄρεος. ἀντιπάλῳ — | 125
δυσχείρωμα δράκοντι. |

a'. (Anapaeste.) Ζεὺς γὰρ μεγάλης γλώσσης κόμπους
ὑπερεχθαίρει, καί σφας ἐσιδὼν
πολλῷ ῥεύματι προσνισσομένους
χρυσοῦ καναχῆς ὑπερόπτας.

Παλτῷ ῥιπτεῖ πυρὶ βαλβίδων
ἐπ᾽ ἄκρων ἤδη
νίκην ὁρμῶντ᾽ ἀλαλάξαι.

Text: 1) Ἀργογενῆ Wolff; Ἄργοθεν. 2) die lücke ausgefüllt von Kayser mit hilfe d. schol. 3) ὡς γῆν Blaydes; εἰς γᾶν ὡς. 4) φονώσαισιν Bothe nach d. schol., welcher ταῖς τῶν φόνων ἐρώσαις erklärt. 5) τε eingeschoben von Triklinios.

I. (metrical scheme) 3×4

II. ⏑,⌣⏑ —⏑ —⏑⏑—⏑
    —⏑ —⏑⏑ —ˣ— —
    —⏑ —⏑⏑ —⏑ — ◠   } 3 × 4.

III. —⏑ —— —⏑⏑—
    —⏑ —⏑ —⏑⏑ —⋏
    ◠⏑◠⏑ —⏑⏑ ⌣   } 4 × 4.
    —ˣ —⏑⏑ —ˣ ⋏

      Anapaeste.

Der durchsichtige glykoneische bau der ersten syzygie der parodos ist mit solcher konsequenz durchgeführt, dass auch schon die alten grammatiker — wie die kolometrie des La. lehrt — denselben herausgefühlt haben. Deutlich sondern sich die drei perioden des systems von einander ab; die erste ist von der zweiten getrennt durch den πούς ἄλογος am ende des ersten und die anakrusis zu anfang des zweiten metrum; ebenso kennzeichnet der akatalektische schluss der zweiten periode (das s. g. hyperglykoneion) die scheide von dem endmetrum. Die akatalektische clausel deutet durch den gegensatz, in welchem sie zu allen voraufgehenden katalektischen gliedern steht, zugleich darauf hin, dass hier ein hauptabschnitt in dem Strophensystem zu suchen ist, d. h. dass periode I und II in engerem zusammenhange mit einander stehen, als beide mit dem schlussmetrum. Zudem sind, während in den beiden ersten metren die kola sich sofort der periode unterordnen und damit die mittelstufe des verses übergangen ist, in per. III erst noch 2 verse zu konstatieren, wie durch die auflösungen der ersten dipodie des dritten kolon angedeutet wird. Ebenso zerlegen sich die angefügten anapaeste durch das paroimiakon in zwei reihen zu 4 bzw. 3 kola.

Diesem also durch die metrischen mittel der syllaba anceps u. s. w. gegliederten bau schliessen sich die einzelnen gedanken des inhaltes — zumal in der strophe — auf das natürlichste an. In periode I wird die morgensonne begrüsst; derselbe gedanke kehrt in anderer und etwas erweiterter form in II wieder, woran sich dann in III und den zugehörigen anapaesten die schilderung des kampfes reiht. Dabei stehen die beiden verse des letztgenannten metrum in einem durch die ausdrücke βάντα und πρόδρομον . . . κινήσασα genügend ausgeprägten gegensatze zu einander, der übrigens auch in der gegenstrophe noch öfter bemerkbar ist. Die erste periode des gleichtaktigen rythmengeschlechtes führt den aufbruch zum kampf, die zweite die rüstung des anrückenden feindes vor. An die mehr summarisch gehaltene schilderung des kampfes bzw. seines beginnes in der strophe schliesst sich die detaillierte ausführung der gegenstrophe an. Der oben erwähnte gegensatz — angriff und flucht — kehrt in I und II wieder, doch so, dass hier der zweite gedanke noch in das erste hemistichion der dritten periode hinübergreift, was um so weniger auffallen kann, als derselbe im schlussmetrum überhaupt in allgemeinerer form zum ausdruck kommt. Die erste periode von a' (anapäste) führt zunächst den grundton des liedes vor — Zeus hasst jeglichen übermut —, woran sich wieder der gegensatz von angriff (der gesamtheit) und (in a', II) abwehr (eines einzelnen, des Kapaneus) reiht. —

Deutlich kennzeichnet sich dann schon hier — formell und inhaltlich — die vorliebe des Sophokles für (zwei-), drei- und viergliedrige perioden, in der melischen Syzygie sowohl. wie dem organisch damit verknüpften anapaestischen system: d. h. der dichter folgte auch seinerseits mit bedacht jenem gesetz, das als überhaupt für die antike rhythmopoiie verbindlich u. a. von Augustin, de mus. IV. 17 ausgesprochen ist, wo der umfang einer periode auf den bestand von 2 bis 4 gliedern festgesetzt wird.*)

Es ergiebt sich demnach folgender symmetrische bau der strophe:

I.	II.
4 + 4 + 4.	4 + 4 + 4.

III.

4 + 4.   4 + 4.

zusammen 40 takte.

---

*) „circuitus minor esse non potest, quam qui duobus metris constat, nec esse maiorem voluerunt eo, qui usque ad quattuor membra procedit." cf. Christ, M. pg. 118 sqq.

Das periodeu-paar (I und II) wird in harmonischer weise durch das vers-paar des schlussmetrum abgeschlossen; es liegt nahe, hierbei an die gepflogenheit der strophenbildung der lyrischen poesie des deutschen mittelalters zu denken und die beiden ersten teile des strophischen baues mit **stollen** und den **schluss** mit **abgesang** zu bezeichnen. Diese dreiteiligkeit der strophenbildung, in der weise, dass je zwei glieder enger zusammengehören, als diese beiden mit dem dritten, ist ein weiteres charakteristikum für die rhythmopoiie des Sophokles.

στρ. II.

B.   Ἀντιόπᾳ ¹) δ' ἐπὶ γᾷ πέσε
παντάλῳ - θείς |
Πύρφορος ὃς τότε μαινομέ-   135
νᾳ ξὺν ὁρμᾷ |

Βακχεύ-ων ἐπέπνει — | ῥι- —
παῖς — ἐχθίστων ἀνέμων. —
εἶχε δ' ἄλ—λᾳ τὰ μὲν·

"Ἄλλα δ' ²) ἐπ' ἄλ— λοις | ἐπενώ- —
μα στυφελί—ζων μέγας ".I- —   140
ρη; — δεξιόσειρος.

b. (Anapaeste). Ἑπτὰ λοχαγοὶ γὰρ ἐφ' ἑπτὰ πύλαις
ταχθέντες ἴσοι
Πρὸς ἴσους ἔλιπον πάγχαλκα τέλη ³)
πλὴν τοῖν στυγεροῖν, ὢ πατρὸς ἑνὸς
μητρός τε μιᾶς φύντε καθ' αὑτοῖν   145
στήσαντ' ⁴) ἔχετον
Κοινοῦ θανάτου μέρος ἄμφω.

ἀντιστρ. II.

B'.   Ἀλλὰ γὰρ ἁ μεγαλώνυμος
ἦλθε Νί—κα |
Τᾷ πολυαρμάτῳ ἀντιχα-
ρεῖσα Θή—βᾳ· |

Ἐκ μὲν — δὴ πολέμων — | τῶν — .150
νῦν — θέσθε λησμοσύναν,⁵)— |
θεῶν δὲ να—οὺς χοροῖς

Πᾶν | νυχίοις ⁶) — πάν|τας ἐπέλ- —
θωμεν, ὁ Θή—βας | δ' ἐλελίγ- —
θων ⁷) — Βάχχιος ⁸) ἄρχοι.

b'. (Anapaeste.) Ἀλλ' ᾑδε γὰρ δὴ βασιλεὺς χώρας 155
Κρέων ὁ Μενοικέως.
Νεαραῖσι ⁹) θεῶν ἐπὶ συντυχίαις
χωρεῖ, τίνα δὴ μῆτιν ἐρέσσων.
ὅτι σύγκλητον τήνδε γερόντων
προῦθετο λέσχην, 160
Κοινῷ κηρύγματι πέμψας.

Text: 1) ἀντιτύπᾳ Porson; ἀντίτυπα. 2) ἄλλα δ' Erfurdt; ἄλλα τὰ δ'. 3) Ζηνὶ τροπαίῳ vor πάγχαλκα τέλη als glossem gestrichen von T. 4) διαρατεῖς λόγχας vor στήσαντ' als glossem gestrichen von T. 5) λησμοσύναν Brunck; λησμοσύνην. 6) παννυχίοις nach einigen geringeren hss.; παννύχιοις. 7) ἐλελίχθων nach dem schol; ἐλελίζων. 8) Βάχχιος Bothe; Βαχχεῖος. 9) νεογμὸς vor νεαραῖσι gestrichen von Wolff.

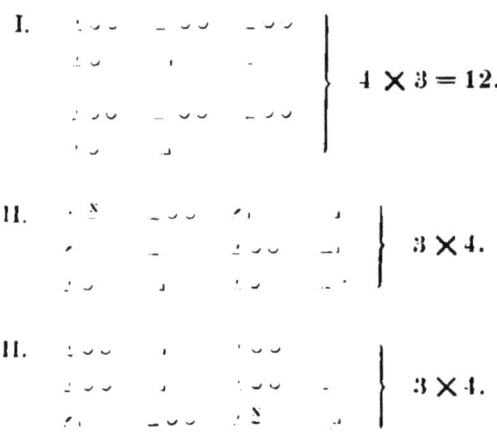

Anapaeste.

Die zweite syzygie besteht gleichfalls aus drei perioden, deren erste von der zweiten deutlich durch den hiatus in der gegenstrophe getrennt ist: hier ist also die hauptscheide des rhythmus. Den beiden tripodien kyklischer daktylen der ersten periode schliesst sich je eine katalektische trochaische tripodie als klausel an (nach dem vorbilde des Archilochus; cf. Heph. pg. 21.) Die zweite periode — der erste stollen — besteht aus zwei glykoneischen hemistichia, in der bezeichneten weise zu messen, und nicht etwa

weil das inhaltlich bedeutsame νῦν der antistrophe auch durch den iktus hervorgehoben werden muss (cf. unten v. 595 und 1140), und einer reinen trochaischen (katalektischen) tetrapodie (dem ἰηκύθιον oder Εὐριπίδειον cf. Christ, M. pg. 288 sqq.) als epodikon. Der zweite stollen (III) ist aus zwei choriambisch-logaödischen kola und dem pherekrateion als klausel gebildet.

Inhaltlich entspricht der scheide der perioden I und II der sinnschluss der gegenstrophe, von II und III derjenige der strophe. In anschluss an die erste gegenstrophe tritt uns in I zunächst wieder der gegensatz von niederlage (v. 1) und angriff (v. 2) entgegen, der letztere gedanke fort- und zu ende geführt in II; der zweite stollen erweitert den ersten gedanken zu einem hymnus auf den kriegsgott.

Die anapaeste schildern den speciellen verlauf des kampfes, wieder im gegensatz von angriff (I) und niederlage (II), woran sich sogleich von neuem derselbe gegensatz in bezug auf Eteokles und Polyneikes anreiht, indem im zweiten teil von II der angriff und in III der tod beider vorgeführt wird. Die gegenstrophe besingt in der ersten periode die Nike, die Theben beschirmt und alles zum guten gewendet hat, daher in II und III die mahnung, die trübe erinnerung an das erlittene ungemach zu verscheuchen und im festreigen unter führung des Bakchos den göttern zu danken. Es entspricht also die gegenstrophe in ihren sinnabschnitten genau dem umfange der beiden hauptteile des

systems (aufgesang: 2 stollen), während die strophe auch die
scheide zwischen II und III markiert, aber entsprechend der zusammengehörigkeit der beiden stollen durch eine minder bedeutsame sinnpause. So hat es der dichter verstanden, durch dasselbe mittel — den logischen faden — einmal die trennung der
perioden zu kennzeichnen und damit die metrischen mittel zu
unterstützen, andrerseits auch wieder die kommissur zwischen den
einzelnen abschnitten herzustellen. — Die zur gegenstrophe gehörigen anapaeste weisen — ohne specielle gliederung — auf das
erscheinen des neuen monarchen hin.

I.
3 + 3.   3 + 3.

II.   III.
4 + 4 + 4.   4 + 4 + 4.

Die anapaeste zeigen nach der überlieferung keine responsion:
da jedoch system b inhaltlich eng mit der voraufgehenden melischen
strophe zusammenhängt, so wird auch wohl system b' — trotz
Dindorf's gegenteiliger ansicht — ursprünglich symmetrisch gebaut
gewesen sein. Vielleicht dachten deshalb schon Erfurdt und
Böckh mit recht in b' an eine lücke, andrerseits lässt sich durch
annahme von interpolationen in b ($Z\eta\nu\grave{\iota}$ $\tau\rho o\pi\alpha\acute{\iota}\omega$ und $\delta\iota\chi\rho\alpha\tau\epsilon\hat{\iota}\varsigma$
$\lambda\acute{o}\gamma\chi\alpha\varsigma$) — wie verfasser es gethan*) — eine genaue entsprechung
herstellen. In diesem falle würde sich unter verwendung der

---

*) $Z\eta\nu\grave{\iota}$ $\tau\rho o\pi\alpha\acute{\iota}\omega$ schwächt den durch $\check{\epsilon}\lambda\pi o\nu$ ausgedrückten
gedanken wilder flucht mehr ab, als es ihn hebt, und $\delta\iota\chi\rho\alpha\tau\epsilon\hat{\iota}\varsigma$
$\lambda\acute{o}\gamma\chi\alpha\varsigma$, das an sich durch das zwecklose epitheton schon verdächtig
erscheint, kennzeichnet sich deutlich als verbesserungsversuch
eines scholiasten, der die ihm aus Homer nur durch ergänzung
von $\emph{ἵππους}$, $\nu\tilde{\eta}\alpha\varsigma$ u. ä. bekannte ellipse bei $\sigma\tau\acute{\eta}\sigma\alpha\nu\tau\epsilon$ (scl. $\emph{ὅπλα}$) durch
eine scheinbar passende reminiscenz aus einem andern schriftsteller
beseitigen zu müssen meinte.

19

beiden dipodien (in 142 ∞ 156) und der gleichklänge κοινοῦ (147) und κοινῷ (161) eine deutliche teilung in drei perioden ergeben und die ganze parodos sich demnach in folgender weise gruppieren:

             A.   *A.'*
    I.   II.   I.   II.
       III.   III.

             a.   *a'.*
    I. II.   I. II.

             B.   *B.'*
      I.   I.
  II.   III.   II.   III

             b.   *b.'*
 I. II. III.   I. II. III.

Erstes stasimon.
v. 332—375.

Trotz des verbotes, das Kreon erlassen, hat es Antigone dennoch fertig gebracht, unbemerkt von den wächtern den leichnam des Polyneikes, ihres geliebten bruders, zu bestatten: menschensatzung ist dem ungeschriebenen göttlichen gebot der liebe, dem von Dike eingesetzten ewigen, unverbrüchlichen totenrecht unterlegen. Der chor, dem ebenso wie dem könig der thäter noch völlig unbekannt ist, kann in der heimlichen bestattung nur eine kühne missachtung des staatsgesetzes sehen, diese aber hat ihren grund in der gewaltigen erfindsamkeit und kraft des menschengeistes, die keine schwierigkeit scheut, keine gefahr fürchtet und, indem sie sich alles bis auf den tod unterwirft, leider oft auch zum bösen führt.

στρ. 1.

Πολλὰ τὰ δεινὰ κ' οὐδὲν ἀν- — |
θρώπου δεινότερον πέλει· |

Τοῦτο καὶ πολιοῦ πέραν — | 335
πόντου χειμερίῳ νότῳ |
χωρεῖ, περιβρυχίοισι — συν |
περῶν ὑπ' οἴδμασιν. — -

Θεῶν τε τὰν ὑπερτάταν, Γᾶν |
ἄφθιτον ἀκαμάταν, ἀποτρύεται | 340
ἰλλομένων ἀρότρων | ἔτος εἰς ἔτος
ἱππείῳ γένει πολεύων.[1])

ἀντιστρ. 1.

Κουφονόων τε[2]) φῦλον ὀρ- — |
νίθων ἀμφιβαλὼν ἄγει, — |

Καὶ θηρῶν ἀγρίων ἔθνη — |
πόντου τ' εἰναλίαν ³) φύσιν |
σπείραισι δικτυοκλώ — στοις |
περιφραδὴς ἀνήρ. |

Κρατεῖ δὲ μηχαναῖς ἀγραύλου |
θηρὸς ὀρεσσιβάτα, [λασιαύχενά θ'
ἵππον ὁπλίζεται ⁴) ἀμ|φιλόφῳ ζυγῳ ⁵)
οὔρειόν τ' ἀδμῆτα ⁶) ταῦρον.

Text: 1) πολεύων Par. A.; πόλευον pr. m., πολεύων corr.
2) κουφονόων τε Brunck; κρῦφον ἐόντε pr. m., κουφονέων τε corr.
3) εἰναλίαν einige jüngere hss.; ἐναλίαν. 4) ὁπλίζεται Gleditsch;
ἕξεται. 5) ἀμφιλόφῳ ζυγῷ Kayser; ἀμφίλοφον ζυγόν. 6) ἀδμῆτα einige jüngere hss.; ἀκμῆτα.

Der in der ersten und zweiten periode schon von den alten grammatikern richtig erkannte bau des ersten strophenpaares schliesst sich in seinen teilen eng an den inhalt an. Zu anfang des ganzen liedes steht das thema:- der mensch ist das gewaltigste der göttlichen schöpfung (str. proodos). Dieser vom dichter dem chor in den mund gelegte ausspruch allgemeinen inhaltes wird aus der erfahrung bewiesen: der mensch beherrscht

1. die unbelebte natur und zwar
   a) das meer (str. mesodos),
   b) die erde (str. epodos);

2. die belebte natur und zwar
   a) die bewohner der luft, also des weltenraumes ü b e r der erde (antistr. proodos),
   b) die bewohner des waldes, des wassers und der berge, d. h. der a u f der erde lebenden wesen (antistr. mesodos und epodos).

Thema und erster teil in seinen beiden unterteilen bilden also den inhalt der dreigeteilten strophe, der zweite teil denjenigen der antistrophe, doch so, dass in beiden strophen das zweite und dritte metrum näher zusammengehören, als diese mit dem ersten, ein verhältnis, welches darum auch im metrischen bau seinen ausdruck gefunden hat. Auf je eine aus 2 hemistichia bestehende reihe folgen zwei perioden, welche aus je 4 kola bestehen; dem in sich geschlossenen inhalt der einzelnen perioden entspricht es, dass hier die grundelemente der strophe, die kola, sich sofort der einheit der periode unterordnen, ohne erst eine innigere verbindung durch die mittelstufe des verses einzugehen. Der bau des aufgesangs (I) ist rein glykoneisch, der erste stollen (II) weist in seinen beiden ersten hemistichia gleichfalls reine glykoneia auf, das dritte kolon hat dazu den auftakt, während das epodikon der ganzen periode die schon bei Alkman und Simonides beliebte iambische tripodie bildet, die hier als schlussglied dimetrischer kola durch annahme einer emmetrischen pause als tetrapodie aufzufassen ist. Der zweite stollen (III) besteht aus zwei daktylischen tetrapodien, deren proodikon und epodikon je eine trochaische tetrapodie (die erste als anfang der ganzen reihe mit auftakt) bildet. Dass in überwiegend glykoneischen systemen gleichwertige vierfüssige kola von trochäen oder kyklischen daktylen beliebt waren, lehrt Oed. Col. 1211—1223 ∞ 1224—1238; cf. Aesch. Agam. 717—726; Choeph. 315—322 (Christ, M., pg. 532).

Das strophenpaar ordnet sich also in seinen bestandteilen folgender massen:

I.
4 + 4.

II.   III.
4 + 4 + 4 + 4.   4 + 4 + 4 + 4.

Zusammen 40 takte.

στροφ. II.

Καὶ φθέγμα καὶ ἀνεμόεν |
φρόνημα καὶ ἀστυνόμους |
ὀργὰς ἐδιδάξατο καὶ   355
δυσαύ-λων |

Πάγων ὑπαί—θρεια¹) καὶ |
δύσομβρα φεύ—γειν βέλη.
·Παντοπόρος | ἄπορος ἐπ' οὐ-
δὲν ἔρχεται | τὸ μέλλον·   360

Ἅιδα μόνον - - | φεῦξιν οὐκ
ἐπάξ—εται - -
Νούσων δ' ἀμηχάνων φυγὰς— |
ξυμπέφρα—σται.

ἀντιστρ. II.

Σοφόν τι τὸ μηχανόεν   365
τέχνας ὑπὲρ ἐλπίδ' ἔχων |
νῦν²) μὲν κακόν, ἄλλοτ' ἐπ' ἐ-
σθλὸν ἕρ—πει. |

Νόμους παρεί—ρων χθονὸς |
θεῶν τ' ἔνορ—κον δίκαν.
·Ὑψίπολις· ἄπολις ὅτῳ   370
τὸ μὴ καλὸν | ξύνεστι.

Τόλμας χάριν— | μήτ' ἐμοὶ³)
παρέ—στιος |
Γένοιτο μήτ' ἴσον φρονῶν— |
ὃς τάδ' ἔρ—δει.   375

Text: 1) ὑπαίθρεια Böckh; αἴθρια. 2) νῦν T.; τοτὲ. 3) μήτ᾽ ἐμοὶ einige jüngere hss; μήτε μοι.

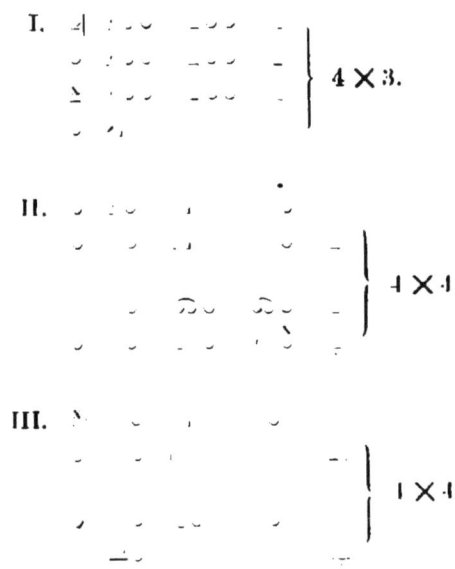

Das zweite strophenpaar führt in fortsetzung des im ersten paare behandelten themas die **geistigen** fähigkeiten des menschen vor augen, indem auch hier wieder die einzelnen teile der ausführung dem bau der strophe bzw. ihren perioden und deren versen sich anschmiegen:

Strophe: I (vier kola): Der mensch erfand die sprache, das durch raum und körper nicht behinderte denken, und auf grund beider die gesetze, d. h. er verwertete seine geistesgaben zum **guten**.

II { 1. vers. Wie er bei zeiten sich gegen kommende unbilden der witterung schützt, so

2. vers: ist er überhaupt nie ratlos für die zukunft.

||| 1. vers: Allein der tod ist ausser seiner macht,
III 2. vers: wenn er auch gegen dessen vorboten, die krankheit, sich zu schützen weiss.

Antistrophe: I (vier kola): Leider missbraucht der mensch seine fähigkeiten aber auch zum bösen, denn

1. vers: menschen- und göttersatzung übertritt er,

II 2. vers: und damit geht er der segnungen staatlicher ordnung wieder verlustig, in der er sonst sichersten schirm und schutz geniessen könnte, (denn

1. vers: in der gemeinschaft der menschheit steht er einsam da) und solch frevler mag darum auch meinem herde fernbleiben,

III 2. vers: wie auch nie in mir einen gesinnungsgenossen finden.

Die grenze der einzelnen perioden ist metrisch leicht erkennbar an der emmetrischen pause am ende der ersten und der katalexis mit voraufgehender syllaba anceps der zweiten periode. deren schluss zugleich noch inhaltlich durch satzende sich scharf markiert. Die beiden verse der zweiten periode sondern sich durch übergang aus dem iambisch-kretischen charakter in den rein trochaischen typus, die der dritten durch den $\chi\rho\acute{o}\nu o\varsigma$ $\pi\varepsilon\nu\tau\acute{a}\sigma\eta\mu o\varsigma$ und das darauf folgende leimma am schluss des ersten und die anakrusis am anfang des zweiten verses ab.

Die erste periode ist viergliedrig, bestehend aus dem dreimal wiederholten daktylischen prosodiakon mit einsilbiger katalexis. das in längeren reihen mit sich selbst verbunden schon bei Ibykos (frg. 27), Stesichorus (frg. 18) und Pindar (Pyth. XII,1) sich findet. Der von den folgenden beiden perioden unterschiedliche charakter der proodos drückt sich ausser durch die alloiometrie auch durch die tripodische Gliederung im gegensatz zu der sonst bei Sophokles gewöhnlichen dimetrischen fügung aus: so ist auch im rhythmus und metrum der aufgesang scharf von den beiden stollen getrennt. Die klausel der reihe, die iambisch-trochaische dipodie, die gern vom dichter als solche beliebt wird (z. b. Oed. Col. 130 ὁ πάντων ~ 134 πλανάτας) ist durch annahme eines κενὸς χρόνος δίσημος auf den umfang einer tripodie zu erweitern. Die zweite und dritte periode gehören dem reinen γένος διπλάσιον an; beide bestehen aus je 2 versen, deren protasis und apodosis eine nicht zu verkennende metrische responsion aufweisen.

I.
3 + 3 + 3 + 3.

II.   III.
4 + 4.   4 + 4.   4 + 4.   4 + 4.

Zusammen 44 takte.

Während also die parodos aus je 2 stollen und einem abgesang besteht (2:1), zeigt das erste stasimon im gegensatz dazu die gliederung in 1 aufgesang und 2 stollen (1:2).

Zweites stasimon.
v. 582 — 625.

Antigone hat es gewagt, dem gebot des neuen herrschers zu trotzen; mit furchtbarer todesstrafe soll sie die übertretung sühnen, also lautet der befehl des verblendeten Kreon. So ist die hoffnung, dass mit dem wechselmord der brüder das schicksal des Labdakidenhauses erschöpft sei, durch dies neue leid zu schanden geworden. Und so ist es immer: wo einmal der fluch auf einem hause lastet, da lässt er nicht ab von geschlecht zu geschlecht; im hause des Oedipus verfällt das letzte reis **infolge der unklugheit des verstandes und der dämonischen verblendung des sinnes** dem verderben. Solch ohnmächtigen ausschreitungen der menschheit gegenüber lenkt Zeus in seinen lichten höhen ewig unwandelbar die geschicke der sterblichen.

στρ. I.

Εὐ—δαίμονες· οἶσι κακῶν
ἄγευστος αἰ – ών. |

Οἷς γὰρ ἂν σεισθῇ
θεόθεν δόμος, ἄ – τας· |
Οὐδὲν ἐλλείπει
γενεᾶς | ἐπὶ πλῆθος ἕρπον | 585

Ὅμοιον ὥστε ποντίαις¹) |
— οἶδμα δυσπνόοις ὅταν |
θρῄσσαισιν²) ἔρεβος ὕφαλον ἐπιδράμῃ πνοαῖς. |

Κυλίν-δει- βυσσόθεν   590
κελαι – νὰν — | θῖνα, καὶ
δυσάνεμον. | στονῷ βρέμουσι δ' ἀντιπλῆγες ἀκταί.

ἀντιστρ. I.

Ἀρ χαῖα τὰ Λαβδακιδᾶν
οἴκων ὁρῶ—μαι, |

Πήματα φθιτῶν³)   595
ἐπὶ πήμασι πίπ—τουτ'. |
Οὐδ' ἀπαλλάσσει
  γενεὰν | γένος, ἀλλ' ἐρείπει !
Θεῶν τις, οὐδ' ἔχει λύσιν. |
  νῦν γὰρ ἐσχάτας ὑπὲρ
Ῥίζας ὃ τέτατο⁴) φάος ἐν Οἰ-   600
  δίπου δόμοις |
Κατ' αὖ — νιν — φονία
  Θεῶν — τῶν — | νερτέρων
Ἀμᾶ κόνις | λόγου τ' ἄνοι-
  α καὶ φρενῶν ἐρινύς.

Text: 1) ποντίας **Elmsley** nach d. schol.; ποντίας (ι vor ς von jüngerer hand) ἀλὸς. 2) Θρήσσαισιν **Ellendt** lex.; θρήισσηισιν. 3) φθιτῶν **Hermann**; φθιμένων. 4) ὃ τέτατο **Hermann** nach d. schol.; τέτατο.

I. ⏑ – – ⏑ ⏑ ' ⏑ ⏑ – ⎱
    ⏑ ⏑ ' ⎰ 2 × 4.

II. ⏑ ' – – ⎫
    ⏑ ⏑ ' ⏑ ⏑ ' ⎪
              ⎬ 4 × 3.
    ⏑ – x – ⎪
    – ⏑ ⏑ ' ⏑ ⏑ – ⎭

III. ⏑ ⏑ – ⏑ ' – ⎫
     ⏑ – – ⏑ – ⎪
                ⎬ 4 × 4.
     x – ⏑ ⌢⏑ ⌢⏑ ⏑⎪
     ⏑ – ' ⏑ ' ⏑⏑ ⎭

IV. ⏑ – ⏑ ⏑ ' ⏑ – ⎫
     ⏑ – ⏑ ' ⏑ ' ⏑ – ⎪
                      ⎬ 4 × 4.
     ⏑ ' ⏑ – ⏑ ' ⏑ – ⎪
     ⏑ ' ⏑ – ⏑ ' x – ⎭

Wie in dem vorigen liede, so bildet auch hier das thema des ganzen „wohl dem, welchem nie ein leid beschieden!" eine periode für sich; in der zweiten periode wird dem gedanken der durch nichts aufgehaltenen kontinuität der ἄτη ausdruck verliehen, vergleichbar — III und IV — der woge, die sturmgepeitscht den sand von grund aus emporwühlt. Die gegenstrophe bringt die anwendung dieser allgemeinen lebenswahrheit auf einen speciellen fall, auf das im Labdakidenhause endemische unheil, indem in der ersten periode besonders der name des geschlechts, auf welches exemplifiziert werden soll, hervortritt, worauf dann das frühere leid des unglücklichen hauses (II) und die jüngst beschiedene schickung (III—IV) ihren ausdruck findet, allerdings so, dass die einzelnen gedanken von einer periode in die andere übergehen.

Die beiden ersten reihen zeigen logaödischen charakter, I in tetrapodischem, II in tripodischem gefüge, während die beiden schlussperioden homoiometrisch (im γένος διπλασίων) gefügt sind. Alle perioden sind zweiteilig gebaut, die erste besteht aus 2 hemistichia, die andere aus je 2 versen, die auch ihrerseits wieder dikolisch sich zusammensetzen. In II sind diese unterteile deutlich charakterisiert durch ihren übereinstimmenden bau (troch. tripodie + log. tripodie mit doppelter anakrusis). Die verse von III und IV heben sich weniger scharf ab, sie scheinen indessen angedeutet durch den übergang aus iambisch-kretischem charakter in den rein-iambischen typus in IV, wodurch auch in III auf die entsprechende teilung hingewiesen wird; andererseits zeigt das periodenpaar in rhythmus und metrik mit den beiden stollen der zweiten syzygie des vorigen liedes eine solche ähnlichkeit, dass die dort sich leicht ergebende versteilung auch auf unser metrum anzuwenden ist. Im schlusshemistichion von III erheischt der streng durchgeführte tetrapodische bau der ganzen reihe, ähnlich wie dort, so auch hier die annahme eines χρόνος πεντάσημος; der rhythmische rest wird durch ein dreizeitiges leimma ausgefüllt.

Bezüglich der gruppierung der perioden ist aus dem hyperkalektischen schluss von II, 2 in verbindung mit dem anakrusischen anfang von III zu entnehmen, dass hier die hauptscheide anzusetzen ist, wie ja dies auch schon aus dem gleichen rhythmischen umfang und dem homoiometrischen charakter der beiden schlussperioden deutlich genug hervorgeht, Diesen beiden stollen entspricht periode II als aufgesang, während I als basis der ganzen komposition anzusehen ist. Die von Hermann gegebene erklärung derselben („quasi praeludium quoddam et tentamentum numeri deinceps secuturi") passt auf diesen erweiterten gebrauch jedenfalls ebenso gut, wie auf einen einzelnen takt; dazu kommt, dass auch inhaltlich sich das thema des ganzen (in der strophe) und der name des speciell behandelten falles (in der gegenstrophe) recht gut einer solchen vorwegnahme eines gliedes anschmiegt. Dass die basis allein und selbstständig dasteht, lehrt ausserdem der ihr eigentümliche bau bezw. rhythmische umfang gegenüber den anderen perioden. Damit ist die bei Sophokles beliebte dreiteiligkeit der strophenbildung auch hier gewahrt, allerdings in anderem sinne, als sonst, wo die fernere gruppierung von 2 : 1 bezw. 1 : 2 sich ungesucht ergiebt, während sich hier das verhältnis zu der form 1 + 1 : 2 gestaltet. Schon an dieser stelle sei übrigens darauf hingewiesen, dass diese erste syzygie in ihrer komposition im umgekehrten verhältnis zu dem zweiten strophenpaar unseres canticum steht, womit eine vom dichter beabsichtigte stufenweise erweiterung und verengung des ganzen rhythmischen gefüges des zweiten stasimon sich kundgiebt.

I.
4 + 4.
II.
3 + 3.   3 + 3.
III.   IV.
4 + 4. 4 + 4   4 + 4. 4 + 4.

Zusammen 52 takte.

Die folgenden anapaeste sondern sich deutlich durch die dipodie als drittes und das paroimiakon als schlusskolon in 2 perioden von 3 bezw. 2 gliedern.

στρ. II.

Τὰν σάν,¹) Ζεῦ, δύνασιν τίς ἀν- —
δρῶν | ὑπερβασία κατάσχοι: | 605
- - Τὰν- οὔθ' ὕπνος αἱ- —
ρεῖ ποθ' ὁ παντογήρως. |

Οὔτε θεῶν ἄκμα—τοι—²) |
μῆνες, ἀγή—ρως δὲ χρόνῳ
Δυνά-στας | κατέχεις Ὀλύμ- — 610
του | μαρμαρόεσσαν αἴγλαν.. |

Τὸ δ'³) ἔπειτα καὶ τὸ μέλλον |
καὶ— τὸ— πρὶν
Ἐπαρκέσει— | νόμος ὅδ'·
οὐδὲν ἕρ—πει |

—θνα—θῶν βιότῳ—
πᾶν τελές⁴) ἐκτὸς ἄτας.

ἀντιστρ. II.

Ἀ γὰρ δὴ πολύπλαγκτος ἐλ- — 615
πὶς | πολλοῖς μὲν ὄνασις⁵) ἀνδρῶν |
—Πολ—λοῖς δ' ἀπάτα—
κουφονόων ἐρώ--των |

Εἰδότι δ' οὐδὲν ἕρ—πει— |
πρὶν πυρὶ θερμῷ πόδα τις
Προσαύ—σῃ· | σοφίᾳ γὰρ ἐκ 620
του κλεινὸν ἔπος πέφανται. |

Τὸ κακὸν δοκεῖν ποτ' ἐσθλὸν |
τῷδ'— ἔμ—μεν.⁶)
Ὅτῳ φρένας— | θεὸς ἄ-
γει πρὸς ἄ--ταν |

—Πράσ—σει δ' ὀλίγο- — 625
στὸν | χρόνον ἐκτὸς ἄτας.

Text: 1) τὰν σάν Triklinios; τεάν. 2) οὔτε θεῶν ἄχματοι Hermann; οὔτ' ἀκάματοι θεῶν. 3) δ' Gleditsch; τ'. 4) παντελὲς Hartung; πάμ|πολις. 5) ὄναοις Brunck; ὄνησις. 6) ἔμμεν Brunck; ἔμμεν'.

I. [metrical scheme] } 4 × 4.

II. [metrical scheme] } 4 × 4.

III. [metrical scheme] } 4 × 3.

IV. [metrical scheme] } 2 × 4.

Die zweite syzygie bietet in ihrer strophe inhaltlich zum teil unlösbare schwierigkeiten, die durch den schluss noch vermehrt werden, da — wie Dindorf mit recht bemerkt — in den am ende des ganzen liedes wiederholten ausdrücken οὐδὲν ἕρπει und ἐκτὸς ἄτας nur lückenbüsser, nicht aber die genuinen worte des sonst so geistreichen dichters zu sehen sind.

Der gedankengang ist folgender:

Strophe: { I. Deine Macht, o Zeus, ist unwiderstehlich, stets ungeschwächt, da du über schlaf und
II. zeit erhaben bist.

> III. Aber hienieden gilt das gesetz, dass „des lebens
> IV. ungemischte freude keinem sterblichen zu teil wird".

Gegenstrophe:
> I. Denn die hoffnung erweist sich oft genug als eitel, und
> II. mancher merkt gar nicht, dass er sich damit selbst betrügt, bis er mitten im unheil sitzt; darum heisst es mit recht:
> III. Dem erscheint das böse als gut, den die gottheit zu seinem verderben verblendet hat, also:
> IV. „Der Mensch ist zum unheil geboren und nur kürzeste zeit bleibt er davon verschont".

Aus der kurzen inhaltsangabe geht zuvörderst mit sicherheit hervor, dass der anfang des ganzen stasimon (εὐδαίμονες κτλ.) mit seinem ende (πράσσει κτλ.) in beabsichtigter beziehung steht; damit erledigt sich die frage, ob mit Gleditsch eine vertauschung der strophen der zweiten syzygie anzunehmen ist oder nicht, von selbst.

Periode I und II stehen inhaltlich in nahem zusammenhange in strophe und gegenstrophe; III und IV der strophe fliessen inhaltlich ineinander, nicht aber in der gegenstrophe, wo das schlussglied sich deutlich wieder als bedeutsam und für sich bestehend abhebt. Dieser gliederung entspricht der metrische bau: strophe I und II sind glykoneisch gebaut, untermischt mit einer logaödischen reihe von zwei kyklischen elementen; die versbildung kennzeichnet sich durch das hyperglykoneion und die folgende prokatalexis (I), bezw. den übergang aus fallendem rhythmus in den steigenden (II). Periode III besteht gleichfalls aus 2 versen, gebildet aus dem ithyphallikon (mit doppelter bezw. einsilbiger anakrusis) als protasis und der iambischen tripodie als apodosis, die scheide zwischen beiden versen scharf gekennzeichnet durch den ποὺς ἄλογος am ende der ersten reihe (cf. Christ. M. pg. 349.). Die epodos ist eine verbindung eines (kopflosen) glykoneion mit dem pherekrateion.

Analog der in der ersten syzygie konstatierten basis kann man — worauf der inhalt der antistrophischen periode hinweist - hier von einer **ekbasis** sprechen; damit wird die beziehung der letzten periode des ganzen liedes zur anfangsreihe noch bemerkbarer; dann würden I und II als stollen, III als abgesang und IV als ekbasis sich bezeichnen lassen und sich zugleich folgender symmetrische bau des ganzen stasimon ergeben:

I.
4 + 4.
II.
3 + 3.   3 + 3.
III.   IV.
4 + 4. 4 + 4.   4 + 4. 4 + 4.

I.   II.
4 + 4. 4 + 4.   4 + 4. 4 + 4.
III.
3 + 3.   3 + 3.
IV.
4 + 4.

Zusammen je 52 takte

Beide syzygien sind demnach palinodisch komponiert.

Drittes stasimon.
v. 781—800.

Die ruhige und bescheidene sprache Hämons hat nicht vermocht, den harten sinn des vaters zu beugen: Kreon verharrt bei seinem unmenschlichen gebot. In heftiger aufregung eilt der sohn davon, indem er dem vater noch inhaltsschwere worte zurückruft; so hat der liebe allgewalt den sieg davongetragen über die pflichten der pietät. Der chor besingt darum in einem kleinen liede den Eros, den stets siegreichen krieger, dem niemand, weder der sterblichen noch der götter einer, überlegen ist.

στρ.

Ἔρως ἀνί—κατε μάχαν. | 781
ἔρως, ὃς ἐν — κτήμασι πίπτεις |

Ὃς ἐν μαλακαῖς παρει—αῖς |
νεάνιδος ἐννυχεύεις |
Φοιτᾷς δ' ὑπερ—πόντιος ἐν — | 785
τ' ἀγρονόμοις— αὐλαῖς, |

Καὶ - σ' οὔτ'— ἀθανάτων—
φύξιμος οὐ—δεὶς— |
Οὐδ' ἁμερίων ἐπ' ἄν | —θρώ— —
πων· ὁ δ' ἔχων μέμηνεν. 790

ἀντιστρ.

Σὺ καὶ δικαί—ων ἀδίκους |
φρένας παρα—σπᾷς ἐπὶ λώβᾳ· |

Σὺ καὶ τόδε νεῖκος ἀν—δρῶν |
ξύναιμον ἔχεις ταράξας· |
Νικᾷ δ' ἐναρ—γὴς βλεφάρων— | 795
ἵμερος εὐ—λέκτρου |

Νύμ--φας—. τῶν μεγαλῶν—
μᾱτρὶ πάρε—δρος—¹) |
Θεσμῶν· ἄμαχος γὰρ ἐμ— | παί- —
ζει θεὸς Ἀφροδίτα.   800

Text: 1, μᾱτρὶ πάρεδρος Gleditsch; πάρεδρος ἐν ἀρχαῖς.

I. ᴗ ⏜ ᴗ   ⏜ ᴗ ᴗ _
   ᴗ ⏜ ᴗ   ⏜ ᴗ ᴗ _ x   } 2 × 4.

II. ᴗ ⏜ ᴗ ᴗ   ᴗ ⏜
    ᴗ ⏜ ᴗ ᴗ   ᴗ ⏜
                              } 4 × 4.
    ᴗ ᴗ   ⏜ ᴗ ᴗ
    ⏜ ᴗ ᴗ   ⏜

III. ⏜   ᴗ ᴗ
     ᴗ ᴗ   ⏜   } 4 × 4.
     x ⏜ ᴗ ᴗ   ᴗ ᴗ   ⏜
     ᴗ ᴗ ᴗ ᴗ   ⏜

Das kleine lied auf Eros trägt durchaus glykoneischen charakter
(1, 2, 3 glykoneion), zum teil mit auftakt, zum teil ohne solchen.
Das hyperglykoneion in I, 2 weist auf die hauptscheide des systems
hin: es schliesst den aufgesang. Die beiden stollen zerfallen in
je 2 verse, wobei die apodosis drei mal durch das pherekrateion,
einmal (als klausel von III, 1) die logaödische tripodie, gebildet
wird, die aber hier in entsprechung mit dem pherekrateion jedenfalls auch mit gedehnter schlussarsis aufzufassen ist und damit
dem genannten kolon an rhythmischem umfang gleichkommt.

Dieser gliederung entspricht genau der inhalt der strophe in
seinen einzelnen abschnitten:

I. Eros, allsieger im kampf.

II. { 1. vers: dein lager ist die wange der jungfrau;   } dein weg.
    { 2. vers: von hier aus gehst du über die ganze erde, }

III. { 1. vers: und kein gott vermag dir zu entfliehen, } deine opfer.
     { 2. vers: kein mensch. }

Die gegenstrophe exemplifiziert diese allmacht des gottes auf einen speciellen Fall, jedoch so, dass in dem aufgesang erst noch die folge seines sieges angeführt wird, während die beiden stollen den gott als die ursache des neuentbrannten zwistes zwischen vater und sohn hinstellen:

I. Wer dir unterliegt, scheut selbst vor unrechter that nicht zurück.

II. { So bist du auch schuld an dem streit zwischen vater und sohn (II, 1),

III. { das liebesverlangen ist stärker, denn die pietät, denn Aphrodite ist unbezwinglich.

So stellt der inhalt von II und III der gegenstrophe die kommissur zwischen den beiden stollen wieder her.

I.
4 + 4.
II.   III.
4 + 4.   4 + 4.   4 + 4.   4 + 4.
Zusammen 40 takte.

Die angeschlossenen anapaeste (hinweis auf Antigone's letztmaliges erscheinen) teilen sich inhaltlich durch die scheide von haupt- und nebensatz in 2 perioden von 3 und 2 kola.

Erster kommos.
v. 806—882.

Erstes strophenpaar.

Antigone wird von den dienern aus der thür der frauengemächer hervorgeführt, um nunmehr von heimat und leben abschied zu nehmen. In ergreifenden worten klagt sie, wie ihr durch erfüllung ihrer heiligen aufgabe der tod statt des brautliedes zu teil werde. Der chor glaubt darin einen trost finden zu können, dass sie nicht durch zehrende krankheit, nicht durch das schwert, sondern aus freiem entschluss, geleitet von eigner seelengrösse (αὐτόνομος), dahinsterbe. Das erinnert die unglückliche an die zu stein erstarrte Niobe, der chor aber. der ihr eben erst bewunderung gezollt hat, glaubt ihr diese gleichstellung mit einem göttlichen wesen verweisen zu sollen.

στρ.

ΑΝΤΙΓΟΝΗ.

Α. Ὁρᾶτ᾽ ἔμ᾽, ὦ — γᾶς πατρίας 806
πολῖ—ται—. | τὰν νεάταν
ὁδὸν— | στείχουσαν. νέατον
δὲ φέγ—γος |

Λεύσσουσαν ἀελίου — | κ᾽ οὔ— 810
ποτ᾽ αὖθις· ἀλλά μ᾽ ὁ παγκοίτας
Ἅι--δας-- ζῶσαν ἄγει — |
τὰν Ἀχέρον—τος

Ἀκτάν — . οὐδ᾽ ὑμεναί—ων |
ἔγκληρον οὔτ᾽ ἐπὶ νυμφείοις¹) | 815
Πώ μέ τις ὕμνος | ὕμ—νησεν
ἀλλ᾽ Ἀχέροντι νυμ—φεύσω.

ΧΟΡΟΣ.

α. (Anapaeste). Οὐκ οὖν κλεινή καὶ ἔπαινον ἔχουσ'
ἐς τόδ' ἀπέρχῃ κεῦθος νεκύων:
οὔτε φθινάσιν πληγεῖσα νόσοις
οὔτε ξιφέων ἐπίχειρα λαχοῦσ'. 820
ἀλλ' αὐτόνομος ζῶσα μόνη δὴ
θνατῶν Ἀίδαν καταβήσει.

ἀντιστρ.

ΑΝΤΙΓΟΝΗ.

β'. Ἤκουσα δὴ — λυγροτάταν
ὀλέ—σθαι — τὰν Φρυγίαν
ξέναν — | Ταντάλου Σιπύλῳ 825
πρὸς ἄ — κρῳ —. |

Τὰν κισσὸς ὡς ἀτενής — πε-
τραία βλάστα δάμασεν καί νιν
Ὄμ — βροις — τακομέναν —. |
ὡς φάτις ἀν — δρῶν. 830

Χιών — τ' οὐδαμὰ λεί — πει.
τέγγει²) δ' ὑπ' ὀφρύσι παγκλαύτοις³) |
Δειράδας· ᾇ με | δαί — μων ὁ-
μοιοτάταν κατευ — νάζει.

ΧΟΡΟΣ.

α'.(Anapaeste.) Ἀλλὰ θεός τοι καὶ θεογεννής.
ἡμεῖς δὲ βροτοὶ καὶ θνητογενεῖς.
Καίτοι φθιμένᾳ <σοὶ>⁴) μέγ' ἀκοῦσαι
τοῖς ἰσοθέοις ἔγκληρα λαχεῖν
* * * * 5)
ζῶσαν καὶ ἔπειτα θανοῦσαν.

Text: 1) ἐπὶ νυμφείοις(ι) Bergk; ἐπινυμφίδιος. 2) τέγγει apogr.: τάκει. 3) παγκλαύτοις(ι) Gleditsch: παγκλαύτοις. 4) <σοὶ> ergänzt von Meineke. 5) Die lücke von Wolff konstatiert.

In der strophe giebt die erste periode dem gedanken ausdruck: ich wandle den letzten weg, die zweite: Hades nimmt mich lebend auf, und die dritte: unvermählt sterbe ich dahin; doch wird durch den beabsichtigten übergang des einen gedankens in den andern die kommissur zwischen den drei reihen hergestellt. Die gegenstrophe zeigt dagegen am schluss von I und II deutliche sinnabschnitte, den stärkeren am ende der ersten periode, in welcher wieder — wie schon oft — das thema des ganzen abgeschlossen wird. So weist auch der inhalt darauf hin, dass die proodos als selbsständiger aufgesang, mesodos und epodos dagegen als zusammengehörige stollen aufzufassen sind. Dieser durch den inhalt angedeuteten gliederung entsprechen das metrische schema und die durch dasselbe ausgedrückten rhythmischen sätze. Die fünfzeitige länge $+$ dreizeitige pause bezeichnen die hauptscheide: in derselben form und mit gleichem zweck war uns die klausel schon, u. a. schon stas. II v. 589 ∞ 901 begegnet: cf. stas. I, v. 356 ∞ 368. Da der rhythmus der periode weder durch pause noch durch dehnung am schluss ihrer glieder unterbrochen bezw. weitergeleitet ist, so ist hier — zumal auch kein sinnschluss vorliegt — von einer scheidung in verse abzusehen. Für die richtigkeit der kolometrie spricht, abgesehen von dem streng durchgeführten glykoneischen charakter der komposition (obendrein mit gleicher stellung des kyklischen fusses) die wiederholung desselben wortes am schluss der mittelkola in dem strophischen aufgesang, der in der gegenstrophe die gegenüberstellung Phrygiens und des Sipylus (d. i. Lydien) entspricht. Die beiden stollen sind getrennt durch das adonion, das ja gern als schliessendes glied einer periode benutzt wurde; doch wird es hier, um eine mehr denn dreizeitige pause zu vermeiden, nicht als dipodie, sondern als tripodie aufzufassen sein. In der mesodos weist die syllaba anceps, in der epodos der jedenfalls beabsichtigte reimähnliche schluss im innern der strophischen periode (ab, ab) unter anwendung je desselben wortes auf emperiodische teilung hin; dazu kommt als ferneres merkmal der versabsonderung das fehlen der anakrusis in je den beiden letzten gliedern der periode. Der hyperglykoneische bau des letzten verses in protasis und apodosis bildet den wirkungsvollsten schluss des ganzen glykoneischen charakter tragenden systems. — Ueber die ekbasis in II, 2 vgl. die synoptische tafel bei Berger, de Soph. verss. logg. et epitrr., diss. inaug. Bonn 1864, pg. 55.*) und Seebass, de verss. lyrr. apud Soph. responsione, diss. inaug. Lips. 1880, pg. XVI.

Die erste syzygie zeigt also folgenden symmetrischen bau, der sich durch die beabsichtigte metrische gleichheit von II, 1 mit III, 1 in bezug auf den gebrauch der anakrusis und die stellung des kyklischen fusses zu schöner eurhythmischer form gestaltet:

$$\begin{array}{cc} & \text{I.} \\ & 4+4+4+4. \\ \text{II.} & \text{III.} \\ 4+4. \quad 4+4. & 4+4. \quad 4+4. \end{array}$$

Zusammen 48 takte.

*) Berger scheint mit der behauptung „omnes versus irrationalitate illa (h. e. ultimae theseos) insignitos . . . in arsin desinere" eine länge als regelmässigen schluss vorauszusetzen: dem widerspricht, abgesehen von obigem beispiele u. a. auch Ant. v. 846 ∞ 865, der als solcher auch von Seebass l. c. — doch mit dem druckfehler El. statt Ant. — angeführt wird.

Die scheidung der anapaeste in 2 grössere reihen von 2 bezw.
3 gliedern wird durch den sinnschluss am ende des zweiten
dimetron in strophe und gegenstrophe sowie den trotz des inhaltlichen gegensatzes beabsichtigten gleichklang der beiden schlussworte der ersten periode angedeutet. Das als drittes kolon der
gegenstrophe überlieferte paroimiakon ist mit recht von Meineke
durch ergänzung von σοὶ akatalektisch gestaltet und damit die
genaue strophische responsion hergestellt; der gleiche grund zwingt
zur annahme der von Wolff zuerst konstatierten lücke in demselben system.

Zweites strophenpaar.

Antigone empfindet in der zurechtweisung des chores eine
verhöhnung ihrer schmerzen, da sie nur das gleich grauenvolle
der ähnlichen todesart im sinne hatte. Daher in diesem strophenpaar der ausdruck einer noch düstereren stimmung: von lebenden
und toten verlassen ruft sie heimat und mitbürger zu zeugen ihres
schmählichen todes an. Die erinnerung des chores, dass sie unter
dem druck ererbter ἄτη leide, führt der dulderin das unheilvolle
loos des ganzen Labdakidenhauses vor augen, unter dem auch sie
jetzt zu leiden hat. Der chor muss zwar ihre that als eine fromme
anerkennen, kann aber doch nicht umhin, auch auf die bewusste
und überlegte Verletzung des gesetzes hinzuweisen.

στρ.

ANTIGONH.

B. Οἴμοι γελῶμαι·τί με, πρὸς |
θεῶν πατρῴ—ων. |

Οὐκ— ὀλλομέναν[1]) ὑβρί— — 840
ζεις—. | ἀλλ᾽ ἐπίφαντον—; |

Ὦ πόλις, ὦ πόλεως ' πολυ— —
κτήμονες ἄν—δρες· |

Ἰὼ — Διρ - καὶ — αι—
κρῆναι — | Θή—βας 845
Τ᾿ εὐαρμάτων ἄλσος, ἔμ-πας |
ξυμμάρτυρας ὔμμ᾿ ἐπικτῶμαι. |

Οἴ — α φίλων ἄκλαυτος,
οἴ - οις²) νόμοις | πρὸς ἔργμα³)
τυμβόχωστον ἔρ | χομαι τά-
φου ποταινίου· |

Ἰὼ — δύσ—τα— νος 850
<ξύειμ᾿—> | οὔτε <νῦν>
Βροτοῖς οὔτε νεκροῖς, ' μέτοι-
κος οὐ ζῶσιν<ἔτ᾿>οὐ θανοῦσιν.¹,

ΧΟΡΟΣ.

b. (Iamben.) Προβᾶς᾿ ἐπ᾿ ἔσχατον θράσους,
ὑψηλὸν ἐς Δίκας βάθρον |
προσέπεσες, ὦ τέκνον. πάλιν | ⁵)

Πατρῷ— ον —
δ᾿ ἐκτίνεις τιν᾿ ἆ— θλον. |

ἀντιστρ.

ΑΝΤΙΓΟΝΗ.

Β᾿. Ἔψαυσας ἀλ— γεινοτάτας
ἐμοὶ μερί—μνας, |

Πα—τρὸς τριπόλιστον οἶκ- — 860
τον — | τοῦ τε πρόπαντος |

Ἁμετέρου ποτμοῦ | κλεινοῖς
Λαβδακίδαι - σιν.

Ἰὼ— μα— τρῷ—αι—
λέκτρων— ἆ—ται
Κοιμήματά τ᾿ αὐτογέν—νητ᾿ |
ἐμῷ πατρὶ δυσμόρου ματρός, 865

Οἴ—ων ἐγώ ποθ᾽ ἁ τα-
λαί—φρων ἔφυν· | πρὸς οὕς ἀ-
ραῖος ἄγαμος ἅ|δ᾽ ἐγὼ μετ-
οικος ἔρχομαι. |

Ἰὼ— δυσ—πότ—μων | 870
κυρή—σας γάμων
Κασί— γνητε | θανὼν ἔτ᾽ οὐ-
σαν ⟨ἔκπαγλα⟩ κατήναρές με.⁶⁾

ΧΟΡΟΣ.

b'. (Iamben.) Σέβειν μὲν εὐσέβειά τις. |
κράτος δ᾽, ὅτῳ κράτος μέλει. |
παραβατὸν οὐδαμᾷ πέλει. |

Ξὲ δ᾽ αὐ— τό- —
γνωτος ὤλεσ᾽ ὀρ—γά.   875

Text: 1) ὀλλυμέναν cod. Dresd. cf. Schütz, Soph. stud. pg. 237;
ὀλομέναν. 2) οἷοις Triklinios; οἷοισιν. 3) ἔργμα Brunck; ἔργμα.
4) Ein versuch von T', der überlieferung und dem metrum gerecht
zu werden; δύστανος οὔτ᾽ ἐν βροτοῖσιν οὔτ᾽ ἐν νεκροῖσιν. 5) πάλιν
Dindorf; πολύν. 6) ἰὼ ἰώ. 7) vgl. l. κασίγνητε γάμων κυρήσας | θανὼν
ἔτ᾽ οὖσαν.

ANTITHONII.

I. _ ⌣ - | ⌣ ⌣   } 2 × 4.
    ⌣ ⌣ | _ ⌣

II. ⌣ ⌣   - ⌣ - ⌣   } 2 × 4.
     ⌣   - ⌣ ⌣

III. - ⌣ ⌣ - - - ⌣ ⌣   } 2 × 4.
     - ⌣ ⌣ ⌣   ⌣   _

IV. ⏑|‒‿ ‒‿ ‿‿ ‒|
    x|⏑‿ ‒‿ ‿‿ ⩒
    x|‒⏑⏑ ‒⏑ ‿‿ ‒ } 1 × 4.
    ⏑|‒⏑⏑ ‒⏑ ‒x̱ x̱

V. ‿‿ ‒⏑ ‒⏑ ‒⏑
    ‿‿ ‒⏑ ‒⏑ ‒⏑
    ‒⏑ ≃⏑ ‒⏑ ‒⏑ } 4 × 4. Mesodos.
    ‒⏑ ‒⏑ ‒ ⩒

VI. ⏑|‿‿ ‒ ‿‿ ..
    ⏑|‿‿ ‒⏑ ‿‿ ⩒
    ⏑|‿‿ ‒⏑⏑ ‒⏑ ‒ } 4 × 4.
    ⏑|‿‿ ‒⏑⏑ ‒⏑ ‒x̱

ΧΟΡΟΣ.

⏑,‒ ⏑ ‒⏑ ‒⏑ ‒
x|‒ ⏑ ‒⏑ ‒⏑ ‒
⏑|⌒⏑ ‒⏑ ‒⏑ ‒ ⌃

⏑|‿‿ ‒
‒⏑ ‒⏑ ‿‿ ⩒

    Die metrischen bestandteile des systems sind dreifacher art: einmal episynthetisch in I, sodann alloiometrisch in II, III, IV,2 und VI,2, und endlich homoiometrisch in IV,1, V und VI,1. Zu diesen kriterien für die absonderung der einzelnen unterteile gesellt sich am ende jeder reihe die emmetrische pause und die irrationalität des bzw. der letzten taktteile. Beide merkmale zusammen treten uns am ende von III entgegen, und damit ist, — abgesehen vom inhalte, s. u. — auch metrisch genugsam angedeutet, dass hier der haupteinschnitt der komposition zu suchen ist. Die ganze syzygie wird in charakteristischer weise geschlossen durch ein hyperkatalektisches glied.
    Diesen metrischen merkmalen stehen zur seite die kriterien, die aus den sinnabschnitten und der durchsichtigen art der sprach-

lichen einkleidung des inhalts sich ergeben. In den drei ersten reihen wird der chor von Antigone apostrophiert, woran sich dann die eigentliche klage der gequälten dulderin anschliesst, jene selbst durch die stichworte ἰώ ... ἰώ und zwischen beiden οἴα bezw. οἴων sich streng der auch metrisch charakterisierten dreiteilung anschmiegend.

So zerfällt die ganze syzygie äusserlich und innerlich in ein doppelsystem von 2 × 3 metren, indem jeder der beiden hauptteile sich seinerseits wieder leicht der vom dichter beliebten dreiteilung fügt:

1. **periodengruppe (I—III): 1 aufgesang und 2 stollen.**

Der aufgesang wird durch seinen episynarthetischen bau als solcher charakterisiert; in seinen beiden gliedern giebt er zugleich vorbildlich die beiden grundelemente des ganzen rhythmischen gefüges an. Die beiden stollen, aus je einem glykoneion als protasis und dem pherekrateion bezw. adonion als apodosis bestehend, stellen sich durch den grösseren sinnabschnitt in der strophe als selbstständige, wenn auch zusammengehörige περίοδοι δίκωλοι (und nicht als zwei verse einer π. τετράκωλος) dar und bestätigen auch ihrerseits das gesetz der dreiteilung der strophischen komposition.

2. **periodengruppe (IV—VI): 2 stollen und 1 mittelsang (a : b : a).**

Dieselbe gruppierung tritt uns auch oft in der lyrik des deutschen mittelalters, zumal in den gedichten Walthers von der Vogelweide, entgegen. — Die merodos ist rein trochäisch gefügt und kennzeichnet sich damit — entsprechend ihrem inhalte — „als eine periode von tiefem ernst und würdevoller gemessenheit" (Gleditsch, M. d. Gr. u. R. § 54). Die beiden stollen sondern sich vorerst in je zwei verse ab, deutlich ausgedrückt durch den übergang aus homoiometrischer in alloiometrische komposition. Die energie und lebendigkeit des iambischen rhythmengeschlechtes ist gemildert durch die unterdrückung fast sämmtlicher senkungen.

Hinzuweisen ist noch auf den streng durchgeführten eurhythmischen bau auch dieser zweiten (doppel)syzygie des kommos: alle glieder sind - wie im ersten strophenpaar — viertaktig, die homoiometrischen bezw. alloiometrischen glieder stets an einander entsprechender stelle des ganzen gefüges, ja sogar die kyklischen elemente der letzteren auf je denselben fuss der betreffenden kola (in I an die dritte, in II und III an die zweite: in IV,2 an die erste, in VI,2 an die zweite stelle) verteilt. In der ersten periodengruppe sind beide glieder des aufgesangs anakrusisch, in der zweiten gruppe umgekehrt alle kola, aus denen die stollen sich zusammensetzen.

I.
ι + ι.

II.   III.
ι + ι.   ι + ι.

IV.   V.   VI.
ι + ι. ι + ι. ι + ι + ι + ι.   ι + ι. ι + ι.

Zusammen 72 takte.

Die angefügte strophe des chors weist nicht, wie bei der ersten syzygie, anapaestischen sondern iambischen rhythmus auf: da sie den anapaesten des ersten strophenpaares entspricht, so ist sie kaum als eignes system — wie Gleditsch will — aufzufassen. Sie weicht darum von der gewohnten kompositionsweise der melischen partien in so fern ab, als sie im vorletzten kolon keine tripodische oder tetrapodische, sondern — entsprechend dem bau anapaestischer systeme — ein monometron inmitten dimetrischer kola aufweist. Ueber den vers selbst vgl. Christ, M. pag. 349. Entsprechend den vorhergehenden anapaesten zerfällt mithin auch diese strophe des chors deutlich in 2 perioden, wobei der inhalt b) die kommissur zwischen beiden teilen herstellt, während umgekehrt in b' der abschnitt am ende des dritten gliedes die metrische gliederung unterstützt.

Schlussstrophe.

Antigone fasst noch einmal kurz ihre klagen zusammen.

C. Ἄκλαυτος, ἄφιλος, ἀνυμέναι- —
    ος, ταλαί—φρων ἄγομαι— |
    τάνδ' ἑτοίμαν ὁδόν·

    Οὐκέτι | μοι τόδε λαμπάδος ἱερὸν
    ὄμ|μα θέμις ὁρᾶν, ταλαίνᾳ·   880
    Τὸν δ' ἐμὸν πότμον ἀδάκρυτον
    οὐ—δεὶς φίλων | στενάζει.

$$\begin{array}{llll}
\smile | \perp \smile & \frown \smile & \frown \smile & \_ \\
\perp \smile & \_ & \perp \smile \smile & \_ \\
\perp \smile & \_ & \perp \smile & \underset{\smile}{x}
\end{array} \Bigg\} 3 \times 4.$$

$$\begin{array}{llll}
\perp \smile \smile & \_ \smile \smile & \perp \smile \smile & \_ \smile \smile \\
\perp \smile & \frown \smile & \perp \smile & \_ \underset{}{x}
\end{array} \Bigg\} 2 \times 4.$$

$$\begin{array}{llll}
\perp \smile & \_ \smile & \frown \smile & \_ \smile \\
\_ & \_ \smile & \_ \smile & \_ \underset{}{x}
\end{array} \Bigg\} 2 \times 4.$$

Die schlussstrophe der Antigone ist ohne antistrophische entsprechung, mithin als epodos des ganzen kommos aufzufassen. Wie die drei irrationalen schlusssilben beweisen *), zerfällt die ganze komposition in drei teile, denen sich der inhalt in seiner gliederung eng anschmiegt:

I. Mein letzter lebensweg gestaltet sich gerade durch die erschwerenden nebenumstände noch grausiger und entsetzlicher.

II. Zum letzten male ist es mir beschieden, das lebenslicht der sonne zu schauen.

III. Niemand weint oder klagt um mich.

II und III bilden also die ausführung des in I ausgesprochenen doppelgedankens.

---

*) Es kann übrigens zweifelhaft erscheinen, ob man in rücksicht auf die symmetrie mit dem zweiten kolon die klausel nicht besser als $\_ \smile \_ \smile \perp$ skandieren müsste, dann wäre noch deutlicher die scheide zwischen aufgesang und stollen gekennzeichnet.

Das erste metrum besteht aus drei, das zweite und dritte aus je zwei gliedern: auch hierdurch ist der bau der strophe als aus 1 aufgesang und 2 stollen bestehend deutlich dokumentiert. Die proodos ist im ersten und dritten gliede homoiometrisch gefügt, während das mittelkolon ein glykoneion bildet, der erste stollen zeigt episynarthetischen (daktylo-trochaischen) charakter (cf. stat. I. 338 sq. ∞ 349 sq.), der zweite rein trochaischen bau, alle kola aber sind — entsprechend der anlage des ganzen kommos — tetrapodisch gebildet.

I.
4 + 4 + 4.

II.   III.
4 + 4.   4 + 4.

zusammen 28 takte.

Der kommos umfasst insgesammt also $(2 \times 2) + 1$ strophen. die der Antigone zugehören, zwischen die antistrophischen systeme je eine strophe des chores von responsorischem charakter eingelegt. Es ergiebt sich demnach folgende leicht ersichtliche responsion:

	A.	a.	A'.	a'.
I.	Antig.	chor.	Antig.	chor.
	B.	b.	B'.	b'.
II.	Antig.	chor.	Antig.	chor.
		C.		
III.		Antig.		

Auch das gesammtgefüge des kommos weist also wieder die charakteristische eigentümlichkeit der dreiteilung auf, wobei das strophenpaar I und II die rolle der beiden stollen und die schlussstrophe III diejenige des abgesanges vertritt.

Viertes stasimon.

v. 944—987

Nach ihren im anapaestischen metrum gehaltenen abschiedsworten — dieselben scheiden sich inhaltlich und durch anwendung der katalexis deutlich in zwei perioden von 3 bezw. 4 kola, jede geschlossen durch das paroimiakon — wird Antigone zur finsteren gruft geführt. Im ernst-feierlichen tone begleitet der chor das schicksal der dem tode geweihten königstochter, indem er den grundgedanken, dass der macht des verhängnisses, der Moirai, sich alles beugen müsse, durch drei der heroenwelt entnommenen beispiele eines ähnlichen schicksals beweist, der Danae, des Edonerkönigs Lykurgos und der boreade Kleopatra: auch sie waren von königlichem geschlecht, wie Antigone, und den göttern verwandt, doch vermochten auch sie nicht dem gleichen todesloos zu entgehen.

στρ. I.

Ἔ—τλα— καὶ Δανάας—
οὐράνιον— φῶς |
Ἀλ λά—ξαι δέμας ἐν—
χαλκοδέτοις— | αὐλαῖς 945

Κρυπτομένα— δ᾽ ἐν | τυμβή— ·
ρει θαλάμῳ κατεζεύχθη. |
Καί—τοι – <καὶ> γενεᾷ – ¹)
τίμιος ἦν.—²) παῖ παῖ. |

Καὶ— Ζη—νὸς ταμιεύ— | 950
εσχε γονάς— χρυσορύτους.³) |
Ἀλλ᾽— ἁ – μοιριδία —
τις δύνασις – δεινά |

— Οὔτ'— ἄν νιν ὄμβρος
οὔτ' Ἄρης, | οὐ πύρ—γος,
Οὐχ ἁλίκτυποι κελαιναὶ |
νᾶες ἐκφύγοι—εν.

ἀντιστρ. I.

Ζεύ—χϑη— δ' ὀξύχολος—⁴)   955
παῖς ὁ Δρύαν—τος, |
Ἠ—δω—νῶν βασιλεύς,—
κερτομίοις— | ὀργαῖς,

Εἰχ Διονύ—σου | πετρώ-—
δει κατάφαρκτος ἐν δεσμῷ. |
Οὕ—τω— τᾶς μανίας—
δεινὸν ἀπο—στάζει |

Ἀν—ϑη—ρόν τε μένος— | 960
κεῖνος ἐπέ—γνω μανίαις |
Ψαύ—ων τὸν ϑεὸν ἐν—
κερτομίοις— γλώσσαις. |

— Παύ—εσκε μὲν γὰρ
ἐνϑέους | γυναῖ—κας
Εὔιόν τε πῦρ, | φιλαύλους   965
<δ'>⁵) ἠϑέριζε⁶) Μού—σας.

Text: 1) καί τοι καὶ Hermann; καί τοι.   2) ἣν T nach Hartnng; ὦ.   3) χρυσηρύτους Triklinios; χρυσορρύτους.   4) ὀξύχολος. Scaliger; ὀξυχόλως.   5) <δ'> zugefügt von Seyffert.   6) ἠϑέριζε Musgrave; ἠρέϑιζε·

I.
$$\left.\begin{array}{l}\text{...}\end{array}\right\} 4 \times 4.$$

```
II a.   – ᴗ ᴗ   –       – –    ‖
        – ᴗ ᴗ   – ᴗ     ⁀
                                    } 4 × 4.
        ⁀ ,     ,       ᴗ ᴗ    ‖
        ᴗ ᴗ    ⁀        ⁀
                                                } (4×4) + (4×4)
II b.   ⁀               ᴗ ᴗ   ‖
        ᴗ ᴗ              ᴗ ᴗ
                                    } 4 × 4
        ⁀ ,    ,         ᴗ ᴗ  –‖
        ᴗ ᴗ    ,         ⁀

III.    ,               ᴗ    – –
         ᴗ      –   ,    ⁀
                                    } 4 ×|4.
        – ᴗ    –    ,    – ⁀
        – ᴗ    –         ,
```

Sichere merkmale des periodenschlusses sind zunächst der hiatus am schluss von IIb,4 der strophe und IIa,4 der antistrophe, womit das doppelmetrum IIa und IIb festgelegt ist, da auch der schluss von I durch die katalexis sich kennzeichnet. Jede periode zerfällt wieder in je 4 verse, schon durch das metrum deutlich gekennzeichnet in I (adonion) und III (brochykatalektische troch. tetrapodie == ithyphallikon), und in der doppelperiode durch den umstand, dass hier wie in dem ersten ebenfalls logaödischen metrum jeder vers mit dem dritten glykoneion, dessen doppelgeschlechtige füsse lauter unterdrückte thesen zeigen (– – – ᴗ ᴗ –), als protasis beginnt, während die apodosis aller dieser verse den kyklischen fuss an erster stelle mit nachfolgender gedehnter arsis aufweist; eine ausnahme macht allein der anfangsvers der doppelperiode in beiden kola, so dass auch hierdurch der beginn eines neuen strophengliedes (d. h. des mittelsanges) vom dichter angedeutet wird. So zeigt die erste syzygie mesodisches gefüge (a:b:a) so zwar, dass der mittelsang aus einer doppelperiode zu 2 × 2 versen besteht. Der erste stollen und die mesodos zeigen logaödisch-glykoneischen grundrhythmus, die finalperied dagegen trochaisches gepräge; es ist unbegreiflich, wie man hier in einem liede, dessen inhalt tiefer ernst ist, und dessen feierlicher ton neben anderem auch durch die vielen gedehnten längen zum ausdruck kommt, den fröhlichen, dem bisherigen charakter des rhythmus geradezu hohnsprechenden iambischen tonfall hat konstatieren wollen, während doch gerade in den vier trochäischen dimetra zumal wenn man noch die emmetrische pause am anfang des ganzen abschnittes und die gedehnten längen im vorletzten fusse jedes verses berücksichtigt, der gemessene ernst und die düstere schwermuth vorzüglich zur geltung kommt.

Alle kola sind tetrapodisch gestaltet, wobei das fehlende rhythmizomenon in den klauseln durch emmetrische pausen ausgefüllt wird.

Dieser also gekennzeichneten gliederung entspricht der inhalt in so fern, als die strophe am ende von I, IIa, 1, IIb, 1, IIb, 2 und die antistrophe am schluss von IIa, 1, IIb, 2 stärkeren und in I fin. einen schwächeren abschnitt aufweist; an den übrigen stollen, d. h. also nur innerhalb der drei hauptstrophenteile bildet der inhalt die kommissur zwischen den einzelnen gliedern des gefüges, zumal inmitten des doppelmetrums, wo der hiat in strophe und gegenstrophe durch fortlaufenden satzbau überbrückt wird. Hinzuweisen ist übrigens auch in dieser syzygie wieder auf die gepflogenheit des dichters, in der ersten periode das thema des ganzen mehr oder minder vollständig abzuschliessen.

I.
$4+4.\quad 4+4.$

II.
$4+4.\quad 4+4.\quad 4+4.\quad 4+4.$

III.
$4+4.\quad 4+4.$
a : b : a.

Zusammen 64 takte.

στρ. II.

Παρὰ δὲ κυανέων πελαγέων.
διδύμας πέτρας—[1]) | ἀκ—ταὶ   790
Βοσπόριαι— καὶ[2]) Θρῃκῶν
Σαλμυ—δησ—σός, |

<Ὁ δύσ—χειμος ᾗ—ών,>[3])
ἵν' ἀγ—χίπτολις[4]) "Αρης |
Δισσοῖσι Φι—νεί—δαις— |
εἶδεν ἀρατὸν ἕλκος. |

Τυφλωθὲν ἐξ— ἀγρίας δάμαρ—τος |
ἀλαὸν ἀλαστόροισιν ὀμμάτων κύκλοις. |
ἀραχ— θέν—των[5]) ὑφ' αἱματη—ραῖς | 975
χείρεσσι καὶ— κερκίδων ἀκμαῖσιν.

ἀντισρ. II.

Κατὰ δὲ ταχόμενοι μέλεοι |
μελέαν πάθαν - | κλαῖ—ον
Ματρὸς ἔχον—τες - γονὰν
ἀνύμ—φευτον[6])   980

Ἀ δὲ— σπέρμα μὲν— <τῶν
κλυτῶν—>[7]) ἀρχαιογνήτων τ'[8]) |
Ἄντασ' Ἐρεχ— θει— δᾶν—. |
τηλεπόροις δ' ἐν ἄντροις |

Τράφη, θυέλ—λαισιν[9]) ἐν πατρῴ—αις |
Βορεὰς ἀμίππος ὀρθόπους ὑπὲρ πάγου. | 985
θεῶν— παῖς—. ἀλλὰ κ' ἀπ' ἐκεί—να |
Μοῖραι μακραί—ωνες ἔσχον. ὦ παῖ.

Text; 1) πέτρας Wecklein; ἁλός. 2) καὶ Gleditsch; ἠδ'. 3)
Ὁ δύσχειμος ἠών nach andeutungen des schol. hinzugefügt von T.
4) ἀγχίπτολις jüngere hss; ἀγχίπολις. 5) ἀραχθέντων Seidler; ἀραχθὲν
ἐγχέων. 6) γονὰν ἀνύμφευτον T; ἀνύμφευτον γονάν. 7. τῶν κλυτῶν
hinzugefügt von T. 7) ἀρχαιογνήτων τ' T; ἀρχαιογόνων. 9)
θυέλλαισιν Dindorf; θυέλλῃσιν.

Die sehr korrupt überlieferte zweite syzygie zerfällt nach den anzeichen der katalexis am ende von I und des wechsels aus dem logaödo-iambischen metrum in das reine doppeltaktige rhythmengeschlecht nach dem II. metrum in drei perioden, so zwar, dass I und II die stollen und III den abgesang bildet. Für die gegebene form des wiederhergestellten textes scheint die — erst nach der gefundenen konjektur uns entgegengetretene — umgekehrte verteilung der kyklischen daktylen und reiner iamben in den einzelnen kola zu sprechen, in der weise, dass in der ersten periode das erste und dritte, in II das zweite und vierte kolon logaödischen charakter tragen, während die andern glieder — I,2 mit doppelter anakrusis — rein iambo-trochäisch sind; dieselbe erscheinung spricht für eintheilung jeder periode in je 2 verse.

Diesem gemischten character der beiden stollen gegenüber zeigt der abgesang rein iambische komposition. Dass der dichter statt der sonst beliebten tripodien oder tetrapodien hier sich zu hexapodien entschloss, mag darin begründet sein, dass er einmal nach dem langen aufgeregten kommos, dem gleich darauf folgenden tiefes Weh atmenden abschiedsliede der Antigone und endlich der vorliegenden feierlich-ernsten chorpartie mit dem gedachten versmass wieder den übergang zu dem ruhigen tempo des dialogs andeuten wollte, andrerseits die iambische tetrapodie mit ihrem leichtflüssigen charakter sich wenig geeignet hätte für die tiefergreifende tragik des inhaltes. Uebrigens besteht die epodos aus vier selbstständigen versen, die nicht erst wieder, wie 1 und 4 deutlich beweisen, in zwei kola sich zerlegen lassen.

Inhaltlich schliesst sich die gliederung genau der periodenteilung in II str. und I antistr. an, während umgekehrt in I str. und II antistr. durch den in die folgende reihe hinübergeführten gedanken die kommissur zwischen den periodenkomplexen hergestellt wird.

$$\begin{array}{cc} \text{I.} & \text{II.} \\ 4+4 \quad 4+4 & 4+4 \quad 4+4. \end{array}$$

$$\text{III.}$$
$$6+6+6+6.$$

Zusammen 56 füsse.

Hyporchema.

v. 1115—1154.

Die leidenschaftlichen Worte des greisen Teiresas sind doch nicht ohne eindruck auf das gemüt des bis dahin unerbittlichen königs gewesen, sein herz ist erschüttert, um so mehr als er schon vorher trotz des scheinbar wachsenden starrsinnes die macht des bösen gewissens — wie in manchen seiner äusserungen erkennbar — in sich gefühlt hat. Von einem extrem ins andere schwankend steht der verblendete rat- und haltlos da, der chor aber benutzt die gelegenheit, um noch einmal — und diesmal im energischen tone — dem könige ins gewissen zu reden, ohne verzug die jungfrau befreien und den leichnam bestatten zu lassen : mit eiliger, am besten den zustand seiner seele verrathender hast erteilt er den dienern die diesbezüglichen befehle. Der chor schwärmt in froher hoffnung, dass die reue nicht zu spät kommen werde; in einem heiteren tanzliede ruft er Bakchos, den schutzgott thebens herbei, durch sein erscheinen der stadt ein retter und sühner zu sein.

στρ. I
- Πολυώνυμε Καδμείας |
νύμφας ἀγαλ—μα.   1115

καὶ Διὸς | βαρυβρεμέτα
γένος, | κλυτὰν ὃς ἀμφέπεις
Ἰκαρίαν.¹) μέδεις δὲ

Παγ | κοίνοις Ἐλευσινίας
Δηοῦς— ἐν— κόλ—ποις,— | 1120
ὦ— Βακ—χεῦ,— Βακ-
χᾶν μητρόπολιν Θή—βαν |

—Ναιετῶν παρ᾽ ὑγρῶν—²)
Ἰσμηνοῦ | ῥείθρων³) ἀγρίου τ᾽ |
ἐπὶ σπορᾷ δράκον—τος. | 1125

ἀντιστρ. I.

— Σὲ δ᾿ ὑπὲρ διλόφου πέτρας
στέροψ ὄπω—πε

Λιγνύς, ἔν | θα Κωρύκιαι |
στείχουσι Νύμφαι⁴) Βαχχίδες—. |
Κασταλίας τε νᾶμα·

Καί | σε Νυσαίων ὀρέων | 1130
κισσή—ρεις— ὄχ—θαι—
χλώ—ρα— τ᾿ ἀκ - τὰ |
πολυστάφυλος πέμ—πει |

— Ἀμβρότων ἐπέων
εὐαζόντων. | Θηβαΐας⁵)   1135
ἐπισκοποῦντ᾿ ἀγυι—άς.

Text: 1) Ἰκαρίαν R. Unger; Ἰταλίαν (ἰτάλειαν). 2) ὑγρῶν
Triklinios; ὑγρὸν. 3) ῥείθρων Hermann nach Triklinios' ῥεέθρων;
ῥέεθρον. 4) στείχουσι Νύμφαι Blaydes; Νύμφαι στείχουσι.

I.   ⁻ ⌣ ⁻ ⌣ ⌣ ⁻ (⌣) - | (3+3.)
                  x | 2×4.

II. | (4+4+3.
                          x | 3×4.

III. |
     x | 4×4.

IV. | (3+4+4.)
     x   x | 3 × 4.

Die periodenschlüsse heben sich deutlich durch syllaba anceps und katalexis (prokatalexis) ab; die komposition ist episynthetisch.

In charakteristischer weise beginnt das ganze tanzlied mit dem prosodiakon hyporchematikon, wobei ich allerdings in der protasis – entgegen Christ, M. pg. 570 — den ersatz des zweiten daktylus durch den spondaeus zulasse (und daher die änderung von Καδμείας in Καδμεϊας und von διλόφου in διλόφοιο für überflüssig halte); über die erscheinung, dass die kommissur der beiden rhythmischen glieder in das innere der wörter νύμφας und στέρυξ' fällt, sich aber dennoch die periode metrisch durch die caesur einen taktteil früher in 2 kola zerlegt (ähnlich dem heroischen hexameter) vgl. Gleditsch, M. d. Gr. u. R. pg. 511. In periode II weist das finalkolon am ende, in IV das erste glied zu anfang eine emmetrische pause auf. Den hauptbestandteil der alloiometrischen glieder bildet wieder das glykonion (IV,1 = „kopfloses" glykoneion) in seinen verschiedenen formen, untermischt mit iambotrochäischen tetrapodien.

Was den inhalt betrifft, so tritt uns auch hier wieder die erscheinung entgegen, dass die anfangsperiode des ganzen liedes uns das thema, hier den namen desjenigen, dem das ganze system gilt, vorführt. Eine grössere sinnpause ist sonst nur am ende von II (antistr.) zu bemerken, während in allen übrigen abschnitten durch den übergeleiteten gedanken die kommissur der einzelnen reihen hergestellt wird, bezeichnend für ein tanzlied, dessen orchestrische begleitung damit trotz der mannigfaltigen evolutionen sich wieder im umfang jeder strophe und antistrophe als ein rhythmisches ganze darstellt.

Ueberhaupt liess der hyporchematische charakter des liedes den dichter von der gewohnten gliederung seines strophenbaues (aa : b; a : bb; a : b : a) abgehen und unter charakterisierender voraufschickung des anrufes an den tanzfrohen bakchos als basis in den weiteren perioden eine mesodische komposition schaffen, um damit im gegensatz zur zweiten syzygie für das auge des zuschauers eine varition der rhythmischen tanzbewegungen des chores zu erzielen.*) Die für die orchestrik nötige genaue symmetrie der einander entsprechenden perioden und ihrer glieder liegt aber deutlich schon im metrum vor. Die basis steht isoliert da, ohne beziehung oder entsprechung auf eine andere weise: schon hieraus müsste man vermuten, dass der chor auf seinem platze verblieb, während er diesen anruf sang; die vermutung wird zur gewissheit, wenn wir darauf achten, dass in beiden gliedern nur 3 fusse mit λέξις ausgefüllt sind und diese erscheinung — wie sich gleich bei der besprechung von III,3 und IV,1 ergeben wird — in diesem liede auf „ein treten auf der stelle" zu deuten ist. Periode II—IV aber zeigen eine auffallende symmetrische komposition, und **diese thatsache ist**, wie eine ähnliche erscheinung in der zweiten syzygie, **ein neuer und m. e. ziemlich sicherer beweis für die auffassung unseres chorgesanges als eines tanzliedes**. Sehen wir uns nämlich zunächst nur die durch worte dargestellten takte an, so haben wir folgendes von der sonstigen gepflogenheit der sophokleischen komposition abweichendes und darum hier jedenfalls einen bestimmten zweck verfolgendes schema:

II.   III.   IV.

4 + 1 + 3.   1 + 4 + 4 + 1.   3 + 4 + 4.

a. b. c.   d. e. f. g.   h. i. k.

Es liegt nahe genug, hier eine gewollte responsion von a auf k, b auf i, c auf h zu vermuten; beachten wir ferner, dass die beiden mittelkola von III sich durch lauter unterdrückte thesen auszeichnen und obendrein von glykoneischen versen eingeschlossen werden, so zeigt auch diese mesodische periode eine in sich ge-

---

*) vgl. dagegen den bau des zweiten stasimon, wo allerdings auch eine scheidung in 4 periodenkomplexe uns entgegentrat, jedoch so, dass **beide syzygien sich umgekehrt genau entsprechen**.

schlossene entsprechung, insofern d mit g, und e mit f respondieren. Es ergiebt sich demnach folgendes bild der ganzen syzygie:

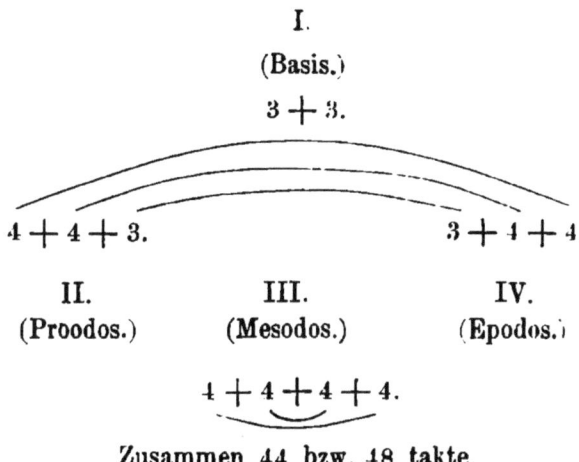

Zusammen 44 bzw. 48 takte.

Nun hat periode II am schluss und periode IV zu anfang emmetrische pause, d. h. die mesodos ist vorn und hinten durch κενοὶ χρόνοι von den anschliessenden perioden getrennt: wir werden auch hierin einen vom dichter beabsichtigten zweck vermuten dürfen und nicht fehl gehen, in ihnen orchestrische andeutungen zu erblicken. Wahrscheinlich wurde die im gesang eintretende pause, während der chor ausruhte, die musikalische begleitung aber den rhythmus weiter führte, von den choreuten benutzt, um aus der gegenwärtigen richtung in die entgegengesetzte zu gelangen, d. h. kehrt zu machen. Der mittelpunkt der ganzen orchestrischen evolution liegt aber in III zwischen e und f; die auftakte, die bis zu diesem centrum und von ihm ab jedes zweite kolon mit dem vorangehenden synarthetisch zusammenschmieden, lassen auf eine jedesmalige bewegung von 2×4 schritten hintereinander ohne zwischenpause schliessen; dann kann, weil a + b als vorwärtsbewegung den gliedern d + e, während welcher der chor wieder „in kehrt" seine ursprüngliche stellung einnimmt und dann — in fortsetzung dieser kehrtbewegung — f + g den gliedern i + k, wo die tanzenden wieder von hinten nach vorn*) zurückkehren, entspricht, während des gesanges der beiden scheinbar dreitaktigen glieder keine bewegung von der stelle stattgefunden haben, weil sonst die choreuten während des durch die rhythmische komposition angedeuteten mittelpunktes des gefüges nicht auch den örtlichen mittelpunkt der orchestrischen evolution einnehmen können. So ergiebt sich für jene glieder die doppelte eigenschaft, dass sie einmal die „bewegung auf der stelle" und sodann — in ihrer emmetrischen pause — die kehrtwendung bezeichnen: da die letztere zu anfang des ganzen hyporchems sich natürlich von selbst ausschliesst, so ist bezüglich der beiden glieder der basis, wie oben schon angedeutet, nur an das erstere, das „treten auf der stelle" zu denken.

Ich stelle mir den gesamten gang der orchestrischen evolutionen folgendermassen vor: Die erste periode wird als basis „auf der stelle" gesungen und getreten; bei II, a + b werden acht schritte nach vorn gemacht, das restkolon c durch 3 schritte auf der stelle und die kehrtwendung ausgefüllt. Bei periode III schreitet der sich zugleich in 2 halbchöre spaltende chor 2×4 schritte (d + e) in kehrt vorwärts (d. h. dem hintergrunde zu), zugleich dabei links und rechts von einander sich entfernend, setzt die bewegung dann mit 2×4 schritten (f + g) nach dem hintergrunde zu fort, indem hierbei wieder die beiden halbchöre zum gesammtchor sich mehr und mehr nähern. Will nun der chor in periode IV wieder in seine ursprüngliche stellung (hinter der er jetzt 2×4 schritte entfernt steht) zurückkehren, so muss er zunächst kehrt machen — darum die pause zu anfang von IV, 1! — sodann folgen drei schritt auf der stelle, worauf endlich in 2×4 schritten (IV, i + k) — jetzt also dem zuschauer wieder zugewendet — wieder in die ausgangsstellung der ganzen orchestrischen evolution hineingerückt wird. Dieselben bewegungen führte dann der chor bei der antistrophe aus, doch so, dass er diesmal seinen reigen rückwärts (statt vorwärts) schreitend begann.

---

*) Es wird hierbei vorausgesetzt, dass im anfang der ganzen orchestrischen bewegung der chor mit der front dem zuschauer zugekehrt ist.

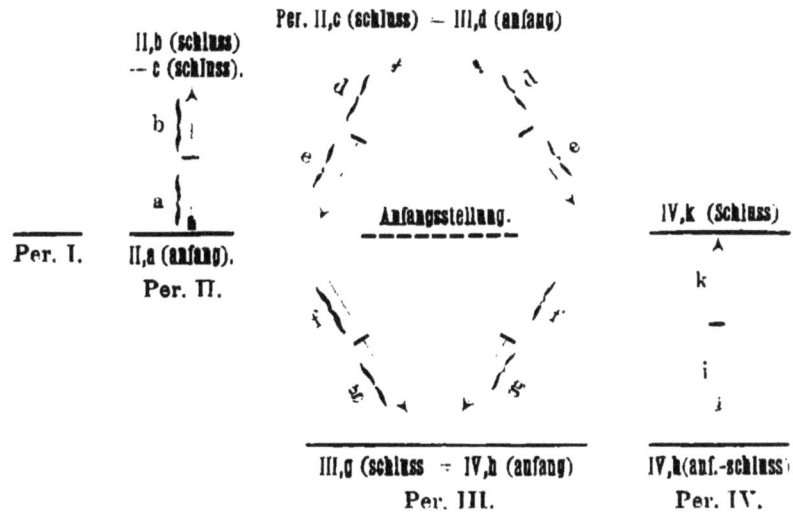

Aus der gegebenen analyse ergiebt sich ein von der herrschenden ansicht über die art chorischer evolutionen allerdings abweichender standpunkt: aber ich muss gestehen, dass mich die resultate, wie sie Muff in seiner „chorischen technik des Sophokles" gefunden zu haben glaubt, besonders bezüglich der von ihm aufgestellten Verteilung der einzelnen strophenpaare in je 2 halbchöre schon um deswegen nicht befriedigen können, weil ich meine, dass eine von nur 6 bzw. 7 choreuten in einem übergrossen, offenen amphitheater gesungene strophe (gegenstrophe) schon von vorn herein nicht bei ihrer schwachen und dünnen klangfülle das ästhetische gefühl des künstlerisch durchgebildeten und verwöhnten griechen würde haben befriedigen können: ganz abgesehen davon, dass es an sich unwahrscheinlich ist, ständig während einer melischen partie die aufmerksamkeit erst nach einer seite der orchestra, nachher nach der andern und nur in seltenen fällen — in epodischen partien — nach der mitte derselben zu ziehen.

στρ. II.

Τὰν ἐκ—παγλα¹) τι—μᾷς |
ὑπερτάταν πόλεων— | μα—
τρὶ σὺν κεραυνίᾳ |

⟨Σὺ⟩²) καὶ— νῦν—, ὡς βιαί- — 1140
ας | ἔχεται πάνδαμος ⟨αὖτ'⟩ ³)
⟨ἁ σὰ⟩ ⁴) πόλις | ἐπὶ νόσου,

Μολεῖν | καθαρσίῳ ποδὶ Παρ- —
νασίαν⁵) | ὑπὲρ κλι- — 1145
τὺν ἢ στονόεντα πορθμόν.

ἀντιστρ. Π.

'Ιὼ— πῦρ πνεόν—πων |
χοράγ' ἄστρων, νυχίων — ⁶) | φθεγ-
μάτων ἐπίσκοπε. |

⟨Ὤ⟩ ⁷) παῖ—, Ζη-νὸς⁸) γένε- — 1150
θλον, | προφάνηθι Ναξίαις |
⟨ταῖς⟩ ⁹) σαῖς ἅμα περιπόλοις

Θυίαισιν¹⁰), αἴ σε μαινόμεναι— |
πάννυχοι | χορεύ—ου-
σι. τὸν ταμίαν Ἴακχον.

Text: 1) ἔκπαγλα Dindorf; ἐκ πασῖν. 2) und 3) Die lücke ausgefüllt von T. πάνδαμος Dindorf; πάνδημος. 4) Die lücke ausgefüllt von Kayser. 5) Παρνασίαν Dindorf; Παρνησίαν. 6) χοράγ' ἄστρων, νυχίων Brunck; χοραγὲ ἄστρων καὶ νυχίων. 7) Die lücke ausgefüllt von T 8) Ζηνὸς Bothe; Διός. 9) Die lücke ausgefüllt von T. 10) Θυίαισιν Böckh; Θυιάσιν.

I. ∪| ⌣   _∪ ⌣   _   ⎫
    ∪| ⌣   _∪∪ ⌣   _   ⎬ 3 × 4.
    ∪| ⌣   _∪   ⌣   ⌣   ⎭

II. ⏓| ⌣   _   ⌣∪ _   ⎫
       ⌣∪∪ _⌣ ⌣∪ _   ⎬ (4+4+3.)
    ⏓| ⌣∪∪ ⌢⌢ ⌣   ⌣   ⎭   3 × 4.

III. ⏓| ⌣∪ _∪ ∪∪ _   ⎫
        ⌣∪ _∪ ⌣   _   ⎬ (4 + 4 + 3.)
     ∪ ⌣∪∪ _∪ ⌣ˣ ⌣   ⎭   3 × 4.

Deutlich hebt sich in der zweiten — übrigens in der überlieferung stark entstellten — syzygie inhaltlich und durch die metrischen mittel der syllaba anceps und des leimma die erste periode als aufgesang von dem gesammtgefüge ab. Die zweite reihe scheidet sich von der dritten leicht durch die in beiden perioden durchgeführte responsion ihrer einzelteile und die pause am schluss von II,3. Dieser scheidung entspricht die (geringere) sinnpause zwischen beiden perioden in der strophe, während der von einem metrum in das andere fortgeleitete gedanke in der gegenstrophe die kommissur zwischen den beiden eng zusammengehörenden stollen herstellt. Die rhythmischen elemente entsprechen denjenigen des ersten strophenpaares: alloiometrische kola sind mit homoiometrischen gemischt: logaödische tripodien und tetrapodien (glykoneen und pherekrateen) zwischen iambrotrochäischen gliedern, unter denen besonders das Euripideion — „von hause aus ein tanzrhythmus", Christ M. pg. 289 — bemerkenswert ist.

Dass die überlieferung in I,1 der strophe ἐκ πασῶν falsch ist, ergiebt sich aus der beobachtung von Seebass, l. c. pg. 32, wonach bei Sophokles einer dreizeitigen arsis immer eine reine kurzzeitige thesis — natürlich abgesehen von der anakrusis — voraufgeht. Auf die logaödische tripodie in v. 1142∞1152 ist in sofern noch speciell hinzuweisen, als dies kolon und El. v. 205∞225 die einzigen stellen dieser art sind, in denen sich der dichter die auflösung der arsis erlaubt hat (Berger, l. c. pg. 16; Seebass, l. c. pg. 52). Die von mir angenommenen lücken bedingt metrum und inhalt in gleicher weise; das in v. 1150 eingefügte ὦ ist von seiner unrechten stelle vor Ναξίαις wieder an seinen ihm gebührenden platz versetzt; ταῖς in derselben periode verlangt der gewöhnliche sprachgebrauch; ebenso notwendig erscheint der durch αὖτε in v. 1141 ausgedrückte gedanke, dass nach dem vermeintlichen glücklichen frieden — cf. parodos! — schnell genug wieder die ἄτη genaht ist; σύ in 1140 rechtfertigt sich als anrede zumal nach dem epischen charakter der ersten periode; ingleichen wird kaum jemand der von Kayser gefundenen ergänzung ἁ σά vor πόλις die berechtigung absprechen wollen.

Auch das zweite strophenpaar lässt uns mit seinen pausen, respondierenden auftakten und der umgekehrten entsprechung des rein doppeltaktigen gliedes mit solchem von gemischtem charakter in II,1—2 und III,1—2 wieder auf die art der orchestrischen evolutionen des chores schliessen, da das eurhythmische, leicht in den bewegungen des chores wiederzugebende verhältnis zu auffallend ist, als dass es als zufällig oder zwecklos erscheinen könnte.

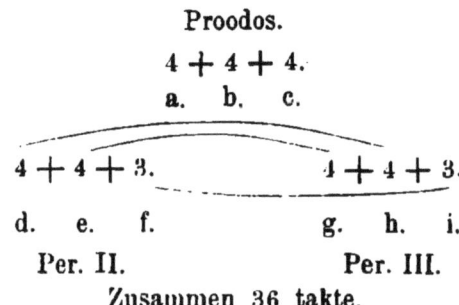

Proodos.
4 + 4 + 4.
a. b. c.

4 + 4 + 3.   4 + 4 + 3.
d. e. f.   g. h. i.
Per. II.   Per. III.
Zusammen 36 takte.

Proodos. Eine ununterbrochene (auftakte!) in sich geschlossene reihe von 3 × 4 = 12 schritten; eine linie schliesst sich aber in sich selbst als kreis, also: jeder halbchor macht eine drehung von 3 × 4 schritten, das linke hemichorion um den linken, das rechte um den rechten flügelmann (parastaten?)*), so dass beide abteilungen am schluss von c wieder in der ausgangsstellung der ganzen evolution sich befinden.

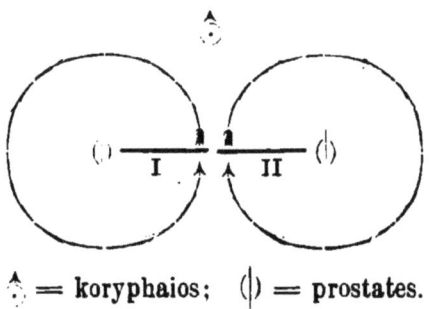

⸫ = koryphaios; (|) = prostates.

---

*) Der koryphaios bleibt also auf seinem platze stehen.

Periode II u. III. d entspricht h, e entspricht g und zwar so, dass die evolution mit dem homoiometrischen gliede beginnt (auftakt) und mit dem alloiometrischen schliesst, das andere mal mit dem alloiometrischen anfängt (auftakt) und mit dem homoiometrischen endigt; dass ist aber der fall, wenn III, 1—2 (g—h) dieselbe bewegung zurück macht, die II, 1—2 (d—e) vorwärts macht; die kehrtwendung vermittelt f (drei mit λέξις ausgefüllte takte „auf der stelle" getreten und der vierte zu „kehrt" benuzt); ebenso stellt i in gleicher weise die ursprüngliche frontrichtung wieder her.

II. Periode: 4 schritte vorwärts (d); vier schritte (e) links — (hemichorion I) bzw. rechtsschwenkt (hemichorion II); darauf dass die bewegung nicht gleichmässig 2 × 4 schritte (d—e) vorwärts geschieht, deutet der mangel der anakrusis vor e (und h.) Darauf 3 schritt auf der stelle und kehrt (f.)

III. Periode: Vier schritte (g) rechts- (I) bzw. linksschwenkt (II), vier schritte (h) vorwärts (mit der front also dem hintergrunde zu), endlich drei schritte (i) „auf der stelle" und „kehrt", womit wieder die ausgangsstellung erreicht ist.

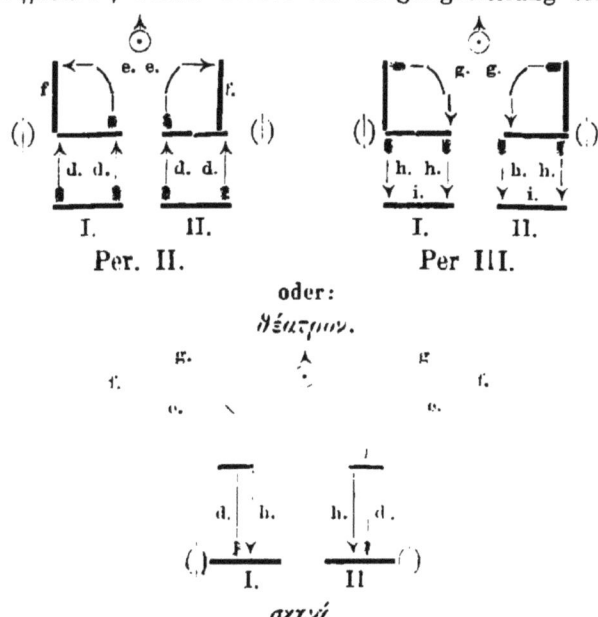

Während der gegenstrophe werden die bewegungen in entgegengesetzter weise (so dass der chor also mit „rückwärtsrichtung," — nicht zu verwechseln mit „marsch in kehrt" — beginnt u. s. w.) ausgeführt, doch so wohl, dass die proodos wieder nach vorn herum — wie in der strophe — getanzt wurde.

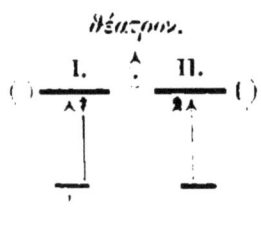

Per. II—III antistr.

Zweiter (schluss-) kommos.
v. 1261—1346.

Zwei diener tragen die leiche Hämons mittelst einer bahre auf die bühne: neben der bahre wankt Kreon, den einen arm um die verhüllte leiche schlingend, er ist gebrochen und erkennt tiefinnerlich zerknirscht die schwere schuld an, die er auf sich geladen. Doch noch schwereres leid harrt seiner; der diener, welcher ins haus gegangen war, um nach Eurydike zu sehen, bringt die meldung zurück, dass auch jene die hand an sich gelegt und den spitzen stahl in die brust versenkt hat. Diese neue mär zermalmt den verblendeten völlig; neue klagen entringen sich seinen lippen, nur der tod vermag auch ihm die erlösung von seinem furchtbaren leid zu gewähren. — Der chor mahnt zur fassung und ergebung in das selbstverschuldete schicksal und zieht schliesslich in den schlussanapaesten die summe des ganzen stückes: **das glück der menschheit beruht vornehmlich auf besonnenheit; niemand soll gegen göttliches gebot vermessen freveln.**

Die klagen des unglücklichen fürsten sind in dochmien gekleidet; „mit ihrem fortwährenden taktwechsel, ihrer retardierenden irrationalen senkung, ihren auflösungen paaren sie leidenschaft und ohnmächtige ermattung und geben so die zerrissenheit seiner seele wieder". Auf sein erscheinen wird hingewiesen durch eine aus 4 kola bestehende anapaestische periode.

στρ. I.
ΚΡΕΩΝ.

A.   *1.*   Ἰὼ
φρενῶν δυσφρόνων |
ἁμαρτήματα
στερεὰ | θανατόεντ'. | 1261

Ἰώ¹)
Κτανόντας τε καὶ |
θανόντας βλέπον-
τες | ἐμφυλίους.

Ὤμοι²) ἐμῶν ἀνόλ-   1265
βα | βουλευμάτων.

II. Ἰὼ παῖ, νέος
νέῳ ξὺν μόρῳ. |

— Αἰ αἰ —αἰ |
ἔθανες, ἀπελύθης |

Ἐμαῖς οὐδὲ σαῖ-
σι δυσβουλίαις. |

ΧΟΡΟΣ.
a.   1 trimeter.   1270

ΚΡΕΩΝ.
B.   Οἴμοι, |
Ἐγὼ μαθὼν δείλαι-
ος· | ἐν δ'ἐμῷ κάρᾳ |
θεὸς τότ' ἄρα τότε
μέγα βάρος μ'ἔχων |

Ἔπαισεν, ἐν δ' ἔσει-
σεν | ἀγρίαις ὁδοῖς. |
Οἴμοι, λακπάτη,—   1275
των | ἀντρέπων χαράν. |

Φεῦ φεῦ. | ὦ πόνοι
βροτῶν δύσπονοι. |

ΑΓΓΕΛΟΣ.
b.   3 trimeter.   1280

ΚΡΕΩΝ.
C.   1 trimeter.

ΑΓΓΕΛΟΣ.

c.   2 trimeter.

ἀντιστρ. 1.
ΚΡΕΩΝ.

Α'.   *Ι.*   Ἰὼ
Ἰὼ δυσκάθαρ- —
τος Ἅιδου λιμήν.
τί μ' ἄρα. τί μ' ὀλέκεις; | 1285

Ἰὼ
κακάγγελτά μοι
προπέμψας ἄχη.
τίνα θροεῖς λόγον; |

Αἰαῖ. ὀλωλότ' ἄνδρ'
ἐπεξειργάσω. |

ΙΙ. Τί φής. ὦ παῖ; τίνα.
λέγεις μοι νέον³) |

—Αἲ αἲ —αἲ | 1290
σφάγιον ἐπ' ὀλέθρῳ |

Γυναικεῖον ἀμ-
φικεῖσθαι μόρον; |

ΧΟΡΟΣ.⁴)
α'.   1 trimeter.

ΚΡΕΩΝ.
Β'.   Οἴμοι,
Κακὸν τόδ' ἄλλο; δεύ-   1295
τερον βλέπω τάλας. |
Τίς ἄρα. τίς με πότ—
μος ἔτι περιμένει; |

Ἔχω μὲν ἐν χείρεσ-
σιν ⁚ ἀρτίως τέκνον, |
Τάλας, τὴν δ'ἔναν-
ται ⁚ | προςβλέπω νεκρόν. |

Φεῦ φεῦ μᾶτερ ἀ-
θλία. φεῦ τέκνον. | 1300

ΑΓΓΕΛΟΣ.
b'.   3 trimeter.

<ΚΡΕΩΝ.
c".   1 trimeter.>⁵⁾

ΑΓΓΕΛΟΣ.
c'.   2 trimeter.

Text: 1) ἰὼ T; ὢ 2) ὤμοι Turnebus; ἰὼ μοι. 3) νέον λόγον.
4) ΧΟΡΟΣ Erfurdt: ΆΓΓΕΛΟΣ. 5) Die lücke zuerst erkannt von Canter.

$A = A.'$

I.

1.   II.

III.

II.

I.

II.   III.

$B = B.'$

I. ∪_́∪ _⌣ ⸗   II. ∪_́∪ _⌢ ⸗
   ∪_́∪ _∪ ⸗   ∪_́∪ _∪ ⸗

   ∪‿́   ⌣⌣∪ ⌣́∪   ∪_́   _∪ ⸌
   ∪‿̑   ⌣⌣∪ ⸌   ∪_́∪ _∪ ⸌

III. ×_́ _⌣ ⸌
     ∪_́ _∪ ⸌

Die erste syzygie des schlusskommos zerfällt in zwei durch je einen trimeter des chores getrennte systeme, das erste (A = A') bis auf ein glied rein dochmisch, das andere (B = B') untermischt mit iamben.

Die vom dichter beliebte dreiteilung der strophe ist auch deutlich in diesem dochmischen schlusskommos erkennbar. System A (= A') zerfällt in zwei rhythmische hälften, die zu einander in palinodischer beziehung stehen: während nämlich I aus 2 stollen und einem abgesang besteht, beginnt II mit einem aufgesang und schliesst mit den beiden stollen. Die einzelnen perioden (mit ausnahme von I, I und II alle aus nur einem verse von je 2 kola bestehend) sind deutlich bestimmt durch die syllaba anceps am schluss von I, II und den hiatus in II, I wozu ergänzend das interkalarische ἰώ am anfang der beiden stollen von I hinzutritt. Dieser rhythmischen gliederung fügt sich ganz genau der inhalt von I, wo jede periode durch starken sinnabschnitt geschlossen wird, in II sondert sich inhaltlich nur der aufgesang ab, während die scheide zwischen den beiden stollen durch den fortgeführten gedanken überbrückt wird. In II, II vertritt den dochmius der protasis ein glied von drei längen (αἶ, αἶ, αἶ); es liegt nahe durch annahme der messung _́ _ _́ auch hier dochmischen character zu erzielen.

Das system B = B' ist epodisch gebaut; den beiden stollen geht auch hier wieder ein interkalarisches wort (οἴμοι) voran, dessen selbständigkeit durch den von ihm erzeugten hiatus in B noch deutlicher hervortritt. Die protasis beider stollen bildet ein iambischer trimeter; damit ist der symmetrische bau beider perioden so deutlich charakterisiert, dass es keines weiteren metrischen mittels mehr bedurfte, um den anfang des abgesanges zu kennzeichnen, zumal der letztere auch inhaltlich sich als selbstständig hinstellt. Beide stollen sind in B' durch hiatus von einander getrennt. Dass die beiden iambischen trimeter, bei denen die kommissur beider rhythmischen glieder in das innere eines wortes fällt, während sich der vers durch die caesura hepthemimeres bzw. penthemimeres metrisch an anderer stelle zerlegt, die dochmische skandierung erheischen (⏑−́⏑−⏑ ⏑ ⏑−́⏑−⏑), lehrt deutlich das finalkolon von II. das als zweite hälfte des iambischen trimeters zugleich als schlussglied eines dochmischen verses dient (⏑−́⏑ ⏑−́⏑−⏑). Inhaltlich entsprechen die einzelnen abschnitte denjenigen des rhythmus genau in B', während in B der fortgeleitete gedanke die kommissur zwischen den beiden stollen herstellt.

στρ. II.
ΚΡΕΩΝ.

D.   'Αἰαῖ αἰαῖ [1]),   1306
'Ινέπταν φόβῳ. |
τί μ' οὐκ ἀνταίαν |

"Επαισέν τις ἀμ-
φιθήκτῳ ξίφει; |

Δείλαιος αἰαῖ αἰαῖ [2])   1310
δειλείᾳ τε [3]) συγ-
κέκραμαι δύᾳ.

ΑΓΓΕΛΟΣ.

d.   2 trimter.

ΚΡΕΩΝ.

E.   1 trimeter.

ΑΓΓΕΛΟΣ.

e.   2 trimeter.   1315

F.

KPEΩN.
'Ιώ μοι,⁴) τάδ' ούκ
έπ' άλλον βροτών |
'Εμάς άρμόσει
ποτ' έξ αίτιας. |

Έγώ γάρ σ', εγώ
σ' έκανον, ώ μέλεος. |
Έγώ, φάμ' ετυμον.   1320
ίώ πρόσπολοι, |

"Άγετέ μ' ώς τάχιστ',⁵)
άγετέ μ' έκποδών. |
Τον ούκ όντα μάλ-
λον ή μηδένα. | 1325

XOPOΣ.

f.   2 trimeter.

άντισρ II.

KPEΩN.

D'.   Ίτω, ίτω |
Φανήτω μόρων
ό κάλλιστ' εμών | 1330

Έμοι τερμίαν
άγων άμέραν. |

Ύπατος· ίτω, ίτω, |
όπως μηκέτ' ά -
μαρ άλλ' εισίδω. |

XOPOΣ.⁶)

d'.   2 trimeter.   1335

KPEΩN.

E'.   1 trimeter.

XOPOΣ.⁷)

e'.   2 trimeter.

ΚΡΕΩΝ.

F'. Ἄγοιτ᾽ ἂν μάται-
ον ἀνδρ᾽ ἐκποδών. |
Ὅς, ὦ παῖ, σέ τ᾽ οὐχ   1340
ἑκὼν κατέκανον⁸) |

Σέ τ᾽⁹) αὐτάν, ὤμοι
μέλεος, οὐδ᾽ ἔχω. |
Πρὸσ πότερον¹⁰) ἴδω, πᾷ
κλιθῶ·¹¹) | πάντα γὰρ |

λέχρια τὰν¹²) χεροῖν.   1345
τάδ᾽ ἐπὶ κρατί μοι
Πότμος δυσκόμισ-
τος εἰσήλατο.

ΧΟΡΟΣ.
f. Schlussanapaeste.

Text: 1) αἰαῖ αἰαῖ; αἶ αἶ αἶ αἶ. 2) αἰαῖ αἰαῖ T nach analogie des ἴτω der gegenstrophe; ἐγὼ φεῦ φεῦ. 3) τε T; δὲ. 4) ἰώ μοι Nauck; ὦ μοι μοι. 5) ὡς Blaydes; ὅτι | τάχιστ᾽ Erfurdt;· τάχος. 6) ΧΟΡΟΣ Brunck; ΑΓΓΕΛΟΣ. 7) cf. 6. 8) κατέκανον W. Schneider; κατέκτανον. 9) σέ τ᾽ Hermann; ὅς σέ τ᾽. 10) πρὸς πότερον Seidler; ὅπᾳ πρὸς πότερον. 11) κλιθῶ Musgrave; καὶ θῶ. 12) τὰν Brunck; τάδ᾽ ἐν.

$D = D'$.

I. ⏑ ˊ _ ⏑   II. ⏑ ˊ _ ⏑
   ⏑ ˊ _ ˊ   _ ˊ _ ⏑

III. ⏑ˊ͡⏜   ⏜͡⏕
     ˊ⏑
     ⏑ ˊ _ ⏑

$$F = F'$$

I. ⏑⏕ – ⏑ ‵
   ⏑⏕ – ⏑
   ⏑⏕ – ⏑
   ⏑⏕ ⏝⏑ ⏕

II. ⏑⏕
    ⏑⌢ – ⏑ ⏕
    ⏑⏕ ⏝ ⏕
    ⏑⏕ – ⏑

III. ⏑⌢ – ⏑
     ⏑⌢ – ⏑

     ⏑⏕ ⏑ ‵
     ⏑⏕ – ⏑ x̆

Auch die zweite syzygie zerfällt in zwei systeme. Kriterien der periodenteilung in $D = D'$ sind, abgesehen vom übergang von zweigliedrigen reihen in eine solche aus 3 kola, der scharfe sinnabschnitt am ende von II in D und geringer in D'. Periode I und II (aus je einem verse bestehend) sind die stollen, III der abgesang. In $F = F'$ liegt die hauptscheide des systems am ende der II. periode, wie der hiat in der strophe andeutet. Der syntaktische ruhepunkt am ende der ersten periode sondert in der strophe die beiden stollen von einander, während die gegenstrophe die kommissur giebt. Jede periode zerfällt in zwei verse von je zwei gliedern.

Der ganze kommos zeigt folgende responsion:

I.

	στρ.			ἀντιστρ.	
A.		*B*.	*A'*.		*B'*.
Kρ.		*Kρ*.	*Kρ*.		*Kρ*.
a.		*b*.	*a'*.		*b'*.
1		3	1		3
Xo.		῎*Aγγ*.	*Xo*.		῎*Aγγ*.
	C.			*C'*.	
	1			1	
	Kρ.			*Kρ*.	
	c.			*c'*.	
	2			2	
	῎*Aγγ*.			῎*Aγγ*.	

II.

	στρ.			ἀντιστρ.	
D		F	D'		F"
$K\rho$.	E.	$K\rho$.	$K\rho$.	E'	$K\rho$.
	1			1	
	$K\rho$.			$K\rho$.	
d.	f.	d'.	f'.
2	2	2	anap.
"Αγγ.	Χο.	Χο.	Χο.

e.		e'.
2		2
"Αγγ.		Χο.

A, B ∞ A', B' und D, F" ∞ D', F sind die lyrischen partien;
ihnen entsprechen als schlussglied (in I) bzw. mittelglied (in II)
C ∞ C' und F ∞ F', die aus je einem iambischen trimeter bestehen. So zeigt also auch dieser kommos, wie schon der erste
in dieser tragödie (v. 806—882), als ganzes wieder denselben
charakteristischen bau, der gewöhnlich der komposition jeder einzelnen strophe zu grunde liegt: I ist epodisch gefügt, indem A
(A') und B (B') die stollen und C (C') den abgesang bilden, und II
ist mesodisch gebaut, indem E (E') als mittelsang und D (D')
und F (F") als stollen sich darstellen.

Den zwei trimetern des chores in der II. strophe (f) entspricht in der gegenstrophe das anapaestische schlusssystem (f'),
bestehend aus zwei perioden, zu je 2 versen, und einem abgesang, der aus einem monometron und paroimiakon zusammengesetzt ist.

B.

Kritische Bemerkungen zu Soph. und Caes.

I.
Zu Soph. Ant. 1156 — 1157.

Οὐκ ἔσθ᾽ ὁποῖον στάντ᾽ ἂν ἀνθρώπου βίον
οὔτ᾽ αἰνέσαιμ᾽ ἂν οὔτε μεμψαίμην ποτέ. La.

Zum verständnis der viel urgierten stelle ist es geboten, hier kurz den gedankenzusammenhang der ganzen botenrede anzugeben, um so mehr, als eine nicht geringe zahl von interpretatoren einen vollständig fernliegenden sinn in dieselbe hineingelegt und damit von vorn herein die heilung der verse in frage gestellt haben· „Mag das menschliche leben -- also philosophiert der bote -- sich gestalten, wie es will, (d. h. mag uns glück oder unglück treffen [tempus!]) — ein urteil darüber, ob das uns zufallende loos mit recht uns gebührt oder nicht, steht mir fürder ($\pi o\tau\acute{\epsilon}$) nicht mehr zu: (denn die taten der betreffenden sind durchaus ohne einfluss auf die gestaltung der menschlichen lage, weder die guten, dass es den menschen wohlergeht, noch die schlechten, dass sie in's elend geraten, vielmehr) das schicksal allein erhöht, das schicksal erniedrigt den jedesmaligen ($\dot{\alpha}\epsilon\acute{\iota}$) glücklichen, wie den jedesmaligen unglücklichen (d. h. der, dessen lage sich zum guten wendet, darf sich dieses umschwungs nicht rühmen, als wäre es durch eigenes verdienst erfolgt; ebenso, wer unglücklich wird, verdankt es gleichfalls dem schicksal, ohne dass ihn selber und seine handlungen ein verschulden träfe. Niemand darf daher einen gebührenden lohn seiner taten erhoffen, denn) niemand kann vorhersagen, welches loos im rate der götter dem menschen hienieden bestimmt ist. So (hatte auch Kreon nur gutes vollbracht und) wurde deshalb von allen gepriesen — denn er hatte des Kadmos land von feinden gesäubert etc. — (daher hätte man meinen sollen, ihm würde elend und unglück erspart werden, aber wie nun einmal das geschick nicht nach dem verdienst, sondern nach eignem mutwillen den lohn verteilt, so erntete auch er nicht den lohn seiner taten,) sondern alles ist dahin etc."

Der grundgedanke der ganzen rede ist also durchaus nicht etwa der satz: „nemo est ante mortem beatus", sondern vielmehr: „Es wird nicht immer das gute belohnt und das böse bestraft" oder noch kürzer: „das schicksal ist ungerecht". Den solonischen ausspruch haben in die botenrede eine ganze reihe von erklärern hineininterpretieren wollen — Musgrave, Boeckh, Wunder, Wolff-Bellermann, Todt etc.), und doch ist nicht im mindesten daran zu denken, wie schon — ganz abgesehen von dem ganzen nexus der stelle — aus der ungewöhnlichen (perfektivischen) auffassung von σπάντα als „(noch aufrecht) stehend" oder „durantem", die mit dieser auffassung zusammenfällt, erhellen sollte; Todt griff denn auch — Phil. 31, 1872, pg. 222 — da ihm die perfektbedeutung des aoristes nicht in den sinn wollte, der besagten auffassung zu liebe gar zur emendation (ὅπως ἑστῶτά γ' ἀνθρώπου βίον) — ohne zu bedenken, dass mit seiner änderung gerade die pointe der stelle, die im aorist mitenthalten ist, nämlich der wechsel der menschlichen lebensschicksale, verloren geht. Selbstverständlich deckt sich die in der botenrede ausgesprochene lebensanschauung keineswegs mit derjenigen des dichters: wenn der bote so gegen das oberhalb alles menschlichen könnens stehende schicksal wettert und dasselbe der ungerechtigkeit zeiht, so liegt für den zuschauer in dessen rede eine art bitterer ironie; das publikum wusste recht gut, dass Kreons verhalten sehr wenig auf belohnung anspruch erheben konnte, und gerade in dem momente, wo der bote sich über das schicksal ereifert, erkennt der zuschauer, dass nichts gerechter, nichts sicherer waltet, als gerade dieses.

Die schwierigkeit, die in den citierten versen enthalten ist und bislang — und übrigens mit recht! — aller erklärungskunst gespottet hat, steckt in den anfangsworten „οὐκ ἔσθ' ὁποῖον στάντ'"; eine andere, die früher gleichfalls in der stelle gesehen wurde — die ungewöhnliche und schwerfällige häufung der negationen (οὐκ ἔστιν, ὁποῖον ... οὔτε ... οὔτε) ist m. e. von Kvičala (abhdg. d. Wien. acad. d. w., phil. hist. kl. 1865, pg. 718sqq.), der in οὔτε—οὔτε nur eine wiederholung, nicht aufhebung des vorangehenden

οὐκ nachweist, endgiltig gehoben. Kv. überhebt mich zugleich der
mühe, die verkehrten ansichten seiner vorgänger hier zu widerlegen, und ich kann mich darum damit begnügen, hier seine und
seiner nachfolger auffassungen als verfehlt nachzuweisen. Seyffert's
— von Kv. unberücksichtigte — erklärung ist bereits von Todt
l. c. widerlegt, die konjektur Todt's aber, wie wir sahen, schon
aus rücksicht auf den zusammenhang der ganzen botenrede zu
verwerfen. Schneidewin's auffassung, der sich Kv. anschliesst
„kein leben, mag es sich gestalten, wie es will, kann ich ferner
loben noch tadeln" — ist zwar dem sinne nach richtig, aber unmöglich nach der tradition der hss, sofern eben aus der analogie
der formel

          „οὐκ ἔστι βίος ὁστιςοῦν, ὃν ἂν αἰνέσαιμι"
oder   „οὐκ ἔστιν ὅντινα ἂν βίον αἰνέσαιμι"

unsere überlieferung nicht aus

          „οὐκ ἔστι βίος, ὁποιοςοῦν στάς, ὃν ἂν αἰνέσαιμι"
oder   „οὐκ ἔστι βίος, ὃν ὁποιονοῦν στάντα ἂν αἰνέσαιμι"

sondern allein aus

          „οὐκ ἔστι τοιοῦτος βίος στάς, ὁποῖον ἂν αἰνέσαιμι"
oder   „οὐκ ἔστι τοιοῦτος βίος, ὁποῖον στάντα αἰνέσαιμι ἄν"

hervorgegangen sein kann und beide letztere formeln nur diesen
sinn haben können:

    „Es giebt keinen solchen βίος, ὅς (ἐπεὶ) ἔστη, den ich loben
      möchte"
oder „Es giebt keinen solchen βίος, den ich, ἐπεὶ (ὅς) ἔστη, loben
      möchte".

In beiden fällen entbehrt also das participium στάντα desjenigen attributes, das im verein mit dem tempus von στάντα den
kern der ganzen stelle enthält. An Lück's sonderbare ansicht (de
comp. et transl. usu Soph., t. II, prgr. Neumark 1880), als wäre
στάντα βίον — das bild von der in ruhe befindlichen zunge einer
wage hergenommen — hier als „vitam in trutina consistentem,
cuius ῥοπή nondum facta sive quae morte nondum finita est" aufzufassen, wird im ernste doch niemand glauben wollen, ganz abgesehen davon, dass, wenn wirklich hier an jenes bild zu denken
wäre, „vita in trutina consistens" nicht „ein leben, welches noch
nicht durch den tod beendigt, welches noch vorhanden ist", son-

dern höchstens „ein leben, das noch nicht in's schwanken geraten ist, d. h. ein ruhiges, glückliches leben" bedeuten könnte! Dass L. zum überfluss auch noch στάντ᾽ ἄν als zusammengehörig (für ἄν στάντ᾽) konstruiert, mag nur nebenbei hier erwähnung finden. — Nicht sehr verschieden von Schneidewin's auffassung ist diejenige Ellendt's; er erklärt:

„οὐκ ἔστι βίος τοιοῦτος, ὥστε ἐπαινέσαιμ᾽ ἂν στάντα ὁποιονοῦν".
Sein ὥστε steht also an stelle von ‚ὁποῖον᾽:

„οὐκ ἔστι τοιοῦτος βίος, ὁποῖον (ὥστε) . . . ."
dann kann er aber nicht nachher noch wieder aus ὁποῖον ein indefinitives ὁποιονοῦν herausnehmen, da das ὁποῖον in ‚τοιοῦτος, ὥστε᾽ bereits verbraucht ist; so würde also auch nach seiner theorie das particip στάς des erklärenden attributes entbehren:

„οὐκ ἔστι βίος τοιοῦτος, ὥστε ἐπαινέσαιμ᾽ ἂν στάντα."
Den viel betretenen weg der anakoluthie schlägt endlich Wessel (prgr. domgymn. Mersebg. 1870, pg. 22) ein; er meint, der durch den tod der Antigone und des Hämon sehr erregte bote könne kaum einen genügend starken ausdruck finden, um des lebens eitelkeit zu betonen; daher hatte er zunächst auf der zunge:
„οὐκ ἔστι βίος, ὃν . . .", aber bevor er diesen gedanken ganz heraushatte, erschien er ihm zu schwach gegenüber einem ihm eben einfallenden ὁποῖος στάς, das er dann an den bereits begonnenen ersten gedanken in der konstruktion assimilierte. Aber hier ein anakoluth annehmen zu wollen, heisst denn doch sein wesen gänzlich verkennen; alle sicheren beispiele dieser erscheinung sind — und das ist ja von vorn herein selbstverständlich — derartig, dass erst nach einer längeren reihe von worten — ich will gar nicht sagen „sätzen" — am ende des gedankens der 'faden reisst' und die anfangskonstruktion damit verlassen wird: hier aber würden im ganzen nur zwei worte — und was für nichtssagende obenein! — dem anakoluth vorangehen.

Die stelle ist vielmehr sicher corrupt; die konstruktion kann meiner meinung nach nicht anders aufgelöst werden, als oben angegeben ist — „οὐκ ἔστι τοιοῦτος βίος, ὃς (ἐπεὶ) ἔστη, ὁποῖον ἂν αἰνέσαιμι" oder „οὐκ ἔστι τοιοῦτος βίος, ὁποῖον ἐπεὶ(ὃς) ἔστη, αἰνέσαιμ᾽ ἂν

— und dabei ist dann στάντ' = ἐπεὶ ἔστη oder ὃς ἔστη einfach sinnlos, weil ohne die notwendige erklärung seitens des ὁποῖον. Es kann sich demnach nur darum handeln, die leichteste und probabelste heiluug zu finden. Die beiden bislang vorgebrachten verbesserungen — Nauck's πάντ'ἄν und Meineke's ἄν τιν', dem sich K. Walter (emend. in Soph. fab. specimen, diss. inaug. Lips. 1877, pg. 31) anschliesst — leiden vor allem daran, dass sie das für den zusammenhang und sinn der ganzen botenrede notwendige στάντα beseitigen: gerade über den w e c h s e l der lebensschicksale, aus guten in schlechte und umgekehrt, glaubt der bote fürder sich nicht mehr wundern zu dürfen.

Einfacher und sinnentsprechender scheint mir die besserung in:
„εὖ ἴσθ' ὁποῖον στάντ' ἄν ἀνθρώπων βίον κτλ."
wobei dann ὁποῖον στάντ' als participialkonstruktion in ὁποῖος σταίη aufzulösen und die ganze stelle mithin folgendermassen aufzufassen wäre:
‚εὖ ἴσθ'. ἀνθρώπων βίον, ὁποῖος σταίη, οὔτ'
αἰνέσαιμ' ἄν οὔτε μεμψαίμην ποτέ'
‚Wisset wohl: wie auch ein menschenleben sich gestalten möchte, ich könnte es fürder weder loben noch tadeln'.

Über das doppelte ἄν, das in beiden fällen zum verb. fin. zu ziehen ist, cf. Herm. de part. ἄν IV, pg. 188 sqq; Kühn, gr. gr. II pg. 212,7. Bei Sophokles fand ich ein ähnliches beispiel El. v. 333 ὥστ' ἄν ... δηλώσαιμ' ἄν'; cf. Xen. Kyr. I, 3, 11, στὰς ἄν ... ἔπειτα λέγοιμ' ἄν'.

Durch meine änderung wird ebensowohl das ὁποῖον στάντ' und damit die gegenseitige beziehung beider worte unangetastet gelassen, wie auch die immerhin schwerfällige häufung der negationen beseitigt. Der vermeintliche hiatus in εὖ ἴστε ist bei Soph. noch im Oed. Kol. 959 (εὖ ἴσθι) handschriftlich belegt; man denke dabei an das ursprüngliche digamma aeol., das ja auch Trach 650 (ἁ δὲ οἱ φίλα δάμαρ . . ὤλλυτο) den hiat beseitigt; selbst wirklicher hiat ist übrigens bei Soph. nicht unerhört; cf. Ai. 194: ἀλλ' ἄνα ἐξ ἑδράνων (= ἀνάστηθι), wozu Herm. die bemerkung macht: „ἄνα in iis vocibus est, quae etiam sequente vocali integrae pronuntiandae sunt ideoque abiectionem ultimae vocalis adspernantur." cf. El. doctr. metr. pg. 50.

An unserer stelle wird die härte der zusammenstossenden beiden vocale noch gemildert durch den umstand, dass es sich einmal um den ersten fuss im verse handelt und sodann der endvocal des ersten wortes nicht elidierbar ist (cf. Christ, M. pg.40-41) Vielleicht liess sich indessen dennoch — und damit hätten wir dann zugleich eine erklärung von der entstehung der corruptel — ein etwas gelehrter abschreiber durch den vermeintlichen hiat stören und schrieb — zumal ihm die formel οὐκ ἔσθ' ὅπως u. ä. geläufig waren — οὐκ ἔσθ' ὁποῖον κτλ, wie ja auch selbst Porson in der angeführten stelle des Oed. Kol. den hiat durch πάγ' ἴσθι beseitigen wollte. Der gebrauch des imperativs von εἰδέναι ist in ähnlichen situationen, wie diese, durchaus sophoklisch, wie aus Ellendts lex sopt. (pg. 515 A), wo alle beispiele von ἴσθι angeführt sind, erhellt: ἴστε -- der plural — kommt zufälligerweise allerdings nur einmal (Trach. 1107) vor.

An unserer stelle fügt sich das εὖ ἴστε vortrefflich an die eben voraufgehende lapidare anrede „Κάδμου πάροικοι καὶ δόμων Ἀμφίονος" an. entspricht ausserdem der ganzen auffassung, die der dichter bez. seiner boten überhaupt, wie zumal des unsrigen von uns verlangt, der hier in hochtrabenden Worten nach dem in εὖ ἴστε liegenden appell an die aufmerksamkeit seiner zuhörer sein spiessbürgerlich angehauchtes philosophem entwickelt.

II.

Zu Caes. b. g. I, 8, 1.

Um die ungewöhnliche lesart „a lacu Lemanno, qui in flumen Rhodanum influit" zu halten, geht Heller. phil. XIX pg. 188, von der ansicht aus, dass die Römer nicht sehr vertraut mit der geographie jener gegend waren und Caesar also nötig hatte ihnen mitzuteilen, dass der Genfer see mit der Rhone in verbindung stehe, um denselben die zweckmässigkeit und widerstandsfähigkeit seiner künstlichen munitionslinie zu beweisen.

Wussten die Römer wirklich im jahre 58 noch nichts genaueres über die Rhone und deren erweiterung zum Genfer see? Mit nichten, die verhältnisse des Rhonestromes waren ihnen gerade vom Genfersee an leider nur allzubekannt! Im jahre 122 rückte der konsul Cn. Domitius Ahenobarbus in das gebiet der Allobroger, welche das land südlich der Rhone vom Genfer see bis zur Isère bewohnten, ein, um sie zur auslieferung des Tutomolus, des landesflüchtigen königs der Salyer zu zwingen. Der einfall führte schliesslich zur schlacht an der Isère (bei ihrem einfluss in die Rhone), wo Q. Fabius Maximus, ein enkel des siegers bei Pydna, einen entscheidenden sieg über Arvernier und Allobroger davontrug. Die folge war die erweiterung der s. g. provincia, die nunmehr von der meeresküste bis Genava **einschliesslich** sich ausdehnte. Dreizehn jahre später — 109 — drangen die Kimbrer über den Jura, um von hier aus in das römische gebiet einzudringen. Zum schutz des zunächst gefährdeten Allobrogerlandes wurde M. Junius Silanus ihnen entgegengeschickt, dieser aber vollständig geschlagen und sein lager erobert. Im Jahre 107 stiess der legat L. Cassius Longinus mit den Tigurinern, den **nördlichen** anwohnern des Leman, und ihren verbündeten, den Ambronen in der nähe des sees zusammen: er wurde von ihnen in einen hinterhalt gelockt und erlitt eine schimpfliche niederlage; er selbst besiegelte die empfangene schlappe durch seinen tod auf dem schlachtfelde. sein heer wurde unter das joch geschickt und der rest der mannschaften schliesslich von C. Popillius, seinem legaten, gegen überlieferung der hälfte des gepäckes, welches die truppen bei sich hatten, und stellung von geiseln nach hause geführt. Ich meine, anlass genug für die Römer, sich schon damals mit jener gegend genauer zu beschäftigen und über die geographischen verhältnisse zu orientiren! Aber auch die letzten jahre vor Caesar's ankunft in Gallien brachten noch wieder neue gelegenheit, die aufmerksamkeit Roms auf diese länderstriche zu lenken. Ungeachtet der verdienste, welche sich die gesandten der Allobroger durch die denunziation der Catilinarischen verschwörung um Rom erworben hatten, waren die beschwerden, welche die abordnung jener gesandtschaft unter Cicero's konsulat im jahre 63 veranlasst hatte, nicht gehoben worden. Es kam zum offenen aufstand, und Catugnatus, der führer der Allobroger, errang mehrere siege gegen die Römer; endlich wurde er nach tapferer gegenwehr von dem statthalter C. Pomptinus besiegt und damit der aufstand unterdrückt.

Diesen durch das waffenhandwerk vermittelten innigen beziehungen zu den am Genfersee und den angrenzenden teilen der Rhone liegenden länderstrecken steht zur seite die ununterbrochen fortgesetzte und übrigens von bestem erfolge begleitete romanisierung des eroberten gebietes. „Freiwillige auswanderer aus Italien — sagt Mommsen, R. G. III, 225, — zogen mehr und mehr an die Rhone (und die Garonne) Die provinz Gallien (heisst es in einer 10 jahre vor Caesar's ankunft entworfenen schilderung) ist voll von kaufleuten; sie wimmelt von römischen bürgern. Kein Gallier macht ein geschäft ohne vermittlung eines Römers, jeder pfennig, der in Gallien aus einer hand in die andere kommt, geht durch die rechnungsbücher der römischen bürger.... Das meiste von den Römern besessene provinzialland war in den händen des hohen in Italien lebenden adels.... Selbst die entfernten Allobrogen treten bald mit den römischen behörden in geschäftsverkehr und konnten sogar in römischen gerichten ohne dolmetsch zeugnis ablegen." Natürlich konzentrierte sich der handel immer mehr oder minder in die grösseren ortschaften, die auf solche weise geradezu den charakter von stapelplätzen tragen mochten. So war es mit Aquae Sextiae und Narbo, so vor allem mit Massilia, und so wird es auch mit Genava gewesen sein, um so mehr, als dessen bevorzugte lage am schiffbaren wasser und an der grenze der römischen interessensphäre seine bedeutung noch so wie so heben und erweitern musste. Und da soll man wirklich glauben, die Römer hätten noch nicht einmal gewusst, dass hier Rhone und Genfer see zusammenhangen, soll im ernst daran festhalten, dass Caesar es für nötig erachtet habe, zur aufklärung seiner leser jene bemerkung hinzuzufügen, um damit in Rom den verdacht zu verhüten, als wäre die verschanzung mit ihrer nur aus einer legion bestehenden besatzung infolge der vermeintlichen lücke zwischen fluss und see eine unzweckmässige und zu schwach gewesen, um allein der grossen masse der feinde widerstand leisten zu können?

Zudem bleibt die ausdrucksweise, es ergiesse sich der Leman in die Rhone, trotz der erklärung Hellers immer noch auffallend und störend: warum schrieb denn Caesar, der doch sonst sich immer so prägnant ausdrückt, nicht einfach: ex quo flumen Rhodanus profluit?

Und endlich: wenn es dem schriftsteller darum zu thun war, den grund anzugeben, warum hier gerade die munitionslinie begann, so ist es doch mindestens auffallend, dass er diese kausale bedeutung des relativsatzes nicht durch ein zugefügtes quidem o. ä. hervorhob!

Wir werden also nicht umhin können, zu dem „unglückseligen irrtum" der Franzosen, es sei in dem relativsatze der anfangspunkt der verschanzung angegeben, als zur allein möglichen auffassung der stelle zurückzukehren, nur dass wir nicht wie bisher „a lacu Lemauno, qui in flumen Rh. influit", sondern mit verbesserung eines einzigen buchstaben „a lacu Lemanno, qua in flumen Rh. influit" lesen: mit dieser geringen änderung ist dem inhalt und ausdruck in jeder weise genüge geschehen.

III.
Zu Caes. b. g. IV, 17, 9.

Zunächst sind die §§ 8 und 9 zu vertauschen: in § 7 spricht Caesar von der festigkeit des brückenbaues, die durch den andrang des stromes nicht nur nicht erschüttert, sondern obendrein noch verstärkt würde; nichtsdestoweniger (§ 9) — also zu noch grösserer sicherheit — wurden noch stromauf- und abwärts pfähle eingelassen u. s. w., dann (§ 8) die eigentliche brücke (haec* als neutr. plur. allgemeiner ausdruck für den gesamtbau) mit langholz u. s. w. bedeckt.

---

*) Das „haec" ist allerdings an dieser wie an der ihm von den hss zugewiesenen stelle etwas auffallend.

In § 9 liegt die schwierigkeit des verständnisses ebensowohl in dem ominösen pro ariete, wie in dem in diesem zusammenhange völlig dunklen „omni". Caesar berichtet, er habe sowohl stromabwärts strebebalken einrammen lassen, wie solche stromaufwärts angebracht; von den letzteren heisst es ausdrücklich „mediocri spatio", also nicht direkt mit der brücke verbunden. Daraus geht zur genüge hervor, dass es mit den unterhalb der anlage eingelassenen pfählen sich anders verhielt, d. h. dass diese mit der brücke in verbindung standen; die stelle dieser zusammenfügung wird ja dann auch genau gekennzeichnet durch die präposition in subjectae, also nicht oben, wo die trabes bipedales mit den (alia) bina tigna verbunden sind, sondern darunter. Damit ist „cum (omni) opere coniunctae" überflüssig, das „omni" aber geradezu sinnlos: die sublicae können doch immer nur mit diesem oder jenem teil des gesamtbaues zusammengefügt sein; es aber so aufzufassen, als wäre damit gesagt, dass dieselben erst nach vollendung der ganzen brücke mit der letzteren vereinigt seien. ist geradezu phantastisch.

Nachdem im hinblick auf die folgenden „aliae item supra pontem mediocri spatio" von Caesar generaliter gesagt worden ist, dass „et ad inferiorem partem" die sublicae eingerammt wurden, musste nunmehr in dem folgenden relativsatz die art und der zweck der verwendung dieser pfähle genauer erläutert werden. Nun waren die sublicae dazu bestimmt, „vim fluminis excipere", um damit der brücke noch grösseren halt zu gewähren; diesen ihren zweck konnten sie aber nur erfüllen, wenn sie mit ihren köpfen gegen die (alia) bina tigna gestemmt waren; daraus erhellt, dass es an jedem jochpaar deren zwei gewesen sein müssen. Das scheint auch in dem korrupten pro ariete ausgedrückt gewesen zu sein. und es liegt darum nicht fern, dafür **binae iuxta***) einzusetzen. Im weiteren wurde eine erfolgreiche widerstandsfähigkeit dieser sublicae erst erreicht, wenn dieselben nun nicht jede für sich den andrang des wassers aushielten, sondern durch ein gemeinsames riegelwerk unter sich verbunden die auf die einzelnen pfähle verschieden wirkende erschütterung

*) oder vielleicht ‚pariter' = ‚paarweise'?

auf einander übertrugen und ausglichen. Um aber solche verbindung **aller** der sublicae, nicht blos der einzelnen paare für sich, herzustellen, bedurfte es einer ganzen anzahl von riegeln. da bei der breite des flusses sich kaum ein einzelner balken von der erforderlichen länge gefunden haben dürfte; die einzelriegel aber griffen naturgemäss über bzw. unter einander auf den betr. pfahlpaaren hinüber (s. d. skizze). Ich vermute daher, dass Caesar nicht „cum omni opere coniunctae", sondern „**communi opere coniunctae**" „durch ein gemeinsames riegelgefüge mit einander verbunden", geschrieben hat.

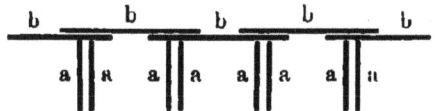

a. a = sublicae; bb = commune opus.

Berichtigungen.

(Nicht aufgeführt sind geringere versehen, wie clausel st. klausel, Strophe st. strophe u. ä.)

Im text: s. 3, 3 v. o. allem. s. 8, 7 v u. II. syz. d. I. kommos und I. syz. etc. s. 9, 3 v. o. viertaktiger. s. 12, v. 119 ἑπτάπυλον. s. 13, 3 v. o. kolometrie. s. 14, 5 v. o. rhythmengesch. s. 15, v. 149 (ἀντιχα-)ρεῖσα. s. 20, v. 333 (ἀν- — |) θρώπου δεινότερον; v. 338 οἴδμασιν, | s. 21, not. 2 κοῦφον. s. 23, v. 354 ἀστυνόμους; v. 363 φυγάς | ; v. 364 —ξυμπέφρα—σται; v. 375 φρονῶν | ; v. 376 —ὃς. s. 24, not. 3 μήτ'. s. 26, 9. v. o. διπλάσιον. s. 27, v. 583 δόμος; v. 590 Κυλάν—δει—βυσσόθεν; v. 593 Ἀρ—χαῖα. s. 28, v. 599 —νῦν; not. 2 θρήισσησιν. s. 31, v. 606 —Τὰν—; v. 611 (Ὀλύμ-) που. nachher νόμος und —θνα · τῶν; v. 618 ἔρ—πει — |. s. 33, IV geboren, und s. 38, 11 v. o. αὐτόνομος; v. 806 'Ὁρᾷτ'. s. 39, not. 3 παγκλαύτους. s. 43, v. 851 ⟨ξύνεμ'-⟩ ; v. 852 links herausrücken ; νεκροῖς | ; v. 855 ὑψηλὸν. s. 44, v. 870 'Ἰὼ—⁶); v. 873 μετ⁷); nachher Σὲ; not. 4 Τ. s. 46, 5 v. o. der auch metrisch und durch hiat etc.; 12 v. o. episynthetisch; 11. v. u. mesodos. s. 49, 6 v. o. episynthetischen; 5 v. u. gesamtgefüge. s. 50, v. 944 Ἀλ—λά--ξαι. s. 51, v. 957 'Ἐκ. s. 52, 2 v. u. finalperiode. s. 53, 8 v. o. schwermut. s. 54, v. 986 κἀπ'; not. 7 = not. 7); not. 7) = not. 8). s. 35, 8 v. o. reinen ; 14 v. o. charakter. s. 56, 4 v. o. 1 und 4 der strophe. s. 57, 3 v. o. Teiresias; 13 v. o. verratender; 16 v. o. Thebens. s. 58, 3 v. o. στέροψ; v. 1135 Θηβαίας. s. 59, 1. v. o. syll. anceps, hiat; 9 v. o. στέροψ; 15 v. o. glykoneion. s. 60, 1 v. o. variation; 19 v. o. abweichende; 20 v. o. verfolgende. s. 61, 7. v. u. synartetisch. s. 64, v. 1141 ⟨αὐθ'⟩ ³); v. 1147 πνεών - των. s. 65, 3 v. o. leimma, wie auch den hiat; 4 v. o. gesamtgefüge; 11 v. u. bedingen. s. 70 v. 1273 θεὸς. s. 71, v. 1295 rechts hereinrücken. s. 72, not. 2 ὤμοι Turnebus; ἰώ μοι. s. 75, 2 v. o. 'Ἰώ μοι,⁴); v. 1322 ὡς. s. 76, 3 v. o. rechts hereinrücken; v. 1343 Πρὸς. s. 78 A, B ∞ A', B' und D, F ∞ D', F'; nachher C ∞ C' und E ∞ E'.

s. 81, 3 v. o. αἰνέσαιμ'; nachher mehrere male tateu (st. thaten). s. 85, 13 v. o. ἴσθ'·, ebenso 16; 17 v. o. οὔτε; 7 v. u. εὖ ἴστε. s. 86, 15 v. o. Soph. s. 87, 11 v. o. Arverner. s. 89, 10 v. u. 9—10 (st. 9). s. 90 am ende d. 1. abs. streiche geradezu.

Im metrischen schema (a, b, c, d = 1, 2, 3, 4te stelle des kolon).

s. 12, 1 v. u. a ⏑ ⏓.   s. 13, 6. v. o. d ⏑.   s. 16, 1 v. u. c ⏓.
s. 21, 2 v. o. a ⏑ ⏓;   6 v. o. c ⏑;   1 v. u. a—b ⏑ ⏑ ⏓.
s. 32, 2 v. o. a ⏑ ⏑.   s. 44, 2 v. u c ⏑ ⏑;   1 v. u. c ⏓.
s. 45, 4 v. u. d ⏓.   s. 55, 5 v. o. anakrus. ⏑.
s. 58, 6 v. o. b ⏑ ⏑;   2 v. u. a ⏑ ⏑.
s. 64, 3 v. o. d ⏞; II, 1 c ⏓ ⏑ ⏑ ⏑; 6 v. o. d ⏞; 3 v. u. cd ⏑ ⏑ ⏑.
s. 72, I, III, a ⏑ ⏓; II, II, c ⏑.   s. 77, II. 3, c ⏓.